KB048153

운을 부르는
부자의 말투

일러두기

1. 한국 독자들의 이해를 돕기 위해 1엔당 10원으로 환산하여 표기하였다.
2. 일본어 인명 중 어중·어말에 들어가는 つ(tsu)는 원어의 발음을 반영하는 추세에 따라 '츠'로 표기하였다.

SAITO HITORI DAIFUGOU GA OSHIERU OOGANEMOCHININARU HANASHIKATA
Copyright © 2016 by Mayumi MIYAMOTO All rights reserved.
Original Japanese edition published by PHP Institute, Inc.
Korean edition published by arrangement with PHP Institute, Inc., Tokyo in care of
Japan Uni Agency, Inc., Tokyo through Korea Copyright Center Inc., Seoul

말과 운의
관계를 알면
인생이 바뀐다

운을 부르는
부자의 말투

미야모토 마유미 지음 | **김지윤** 옮김

A RICH MAN'S
SPEECH

포레스트북스

말과 운의 관계를 알면
인생이 바뀐다

이 책을 손에 든 당신에게 한 가지 부탁이 있습니다. 만약 부자가 되고 싶지 않다면 지금 당장 책을 덮어 주세요. 이 책을 읽고 나면 반드시 부자가 될 테니 말입니다. 게다가 사람들에게 사랑을 듬뿍 받는 부자가 되어 행복한 인생을 살게 되겠지요. 그러니까 부자가 되고 싶지 않거나, 고독하게 살고 싶은 사람은 이 책을 읽지 말아 주세요. 물론 농담입니다.

"부자가 되겠다!"

정말로 이런 각오를 했다면 기꺼이 책장을 넘겨 보시기 바랍니다. 이 책에는 '말투'를 통해서 운을 얻고 부자가 될 수 있는 지혜가 가득 담겨 있습니다.

사이토 히토리 씨는 히트상품인 슬림도칸 등 다이어트 식품을 취급하는 '긴자 마루칸'의 창업자이자, 누계 납세액이 일본에서 가장 많은 억만장자입니다. 또 제 인생의 스승이기도 합니다. 그는 다음과 같이 말했습니다.

"대화법을 바꾸기란 여간 어려운 일이 아니지요. 하지만 일단 바꾸기만 하면 인생이 달라질 것입니다."

어쩌면 당신은 지금까지 나름의 방식으로 대화법을 바꿔 보려다가 실패했거나 대화법에 관한 책을 읽고 좌절한 경험이 있을지도 모릅니다. 어떤 식으로든 제대로 되지 않아 답답했던 경험이 있겠지요. 히토리 씨의 말처럼 대화법 바꾸기란 결코 만만한 일이 아닙니다.

하지만 안심해도 됩니다. "부자가 되겠다"는 결심을 한 당신이 이 책의 비법을 한 가지라도 실천한다면, 반드시 효과를 볼 수 있기 때문입니다. 저는 히토리 씨가 가르쳐 준 방법으로 부자가 되었기에 이렇게 장담할 수 있습니다.

저도 원래는 일반 기업에 다니는 평범한 사무직 사원이었습니다. 그런데 히토리 씨와 만나고 나서 "부자가 되겠다"고 결심했고, 히토리 씨의 가르침을 한 가지씩 실천했더니 정말로 '교토의 부자 순위'에 들 만한 상당한 부를 얻었습니다. 저에게는 기적 같은 일입니다. 하지만 결코 저에게만 일어날 수 있는 기적이 아닙니다. 부자가 되겠다고 결심한 뒤 이 대화법을 배우고 실천한 사람에게는 반드시 일어날 기적이지요.

사실 이 책을 읽는 것만으로도 발전입니다. 이 책에 나오는 대로 해 보고 싶다는 생각만 해도, 아니 무언가 하나라도 실천한다면 그것은 엄청난 발전입니다. 대화는 평생에 걸쳐서 해야 하기 때문에 중간에 실패하는 일투성이일지도 모릅니다. '~라고 말하려 했는데 말이 잘못 나왔다'고 후회하는 경우도 많겠지요. 하지만 우리에게는 그저 좌절만 하고 있을 여유가 없습니다. 차근차근 하나씩 개선해 가야 하니까요.

처음에는 실수하고 두려워하는 것이 당연합니다. 하지만 물이 무서워서 수영장에 뛰어들지 못하는 사람이라도 일단 한번 용기를 내서 뛰어들고 나면 그다음부터는 훨씬 수월해집니다. 그렇게 도전을 이어가다 보면 나중에는 아무렇지 않게 뛰어들 수 있게 되지요. 처음 시도할 때는 '용기'만 있으면 됩니다. 처음부터 잘하려고 하지 않아도 괜찮습니다.

이제 결심이 섰습니까? 이번에는 당신이 부자가 될 차례입니다.

제1장에는 히토리 씨가 이 책을 위해서 특별히 말씀해 주신 '돈과 대화법의 기본'이 되는 지혜를 담았습니다. 제2장부터는 저 미야모토 마유미가 히토리 씨에게 배운 '운을 부르는 방법과 인간관계'가 무엇인지를 알기 쉽게 구체적으로 소개했습니다. 제5장에는 대화를 잘하지 못해도, 심지어는 말을 하지 않아도 부자가 될 수 있는 최고의 방법을 담았습

니다. 새로운 대화법을 익히려면 시간이 걸립니다. 만약 당신이 지금 당장이라도 사람들과 즐겁게 대화하고 싶다면 이 부분을 먼저 읽어도 좋습니다.

그리고 책을 마무리하면서 특별부록을 실었습니다. 여기에는 직장인을 위한 불편한 상황도 기회로 바꾸는 말투 사용법이 담겨 있습니다.

히토리 씨의 가르침을 실천하는 동료들 사이에서는 '좋은 방법을 알게 되면, 그 즉시 실천!'이라는 말을 표어처럼 사용합니다. 그리고 좋은 방법을 실천하는 사람을 '실천 레인저'라고 부르지요. 당신도 이제 실천 레인저가 되어서 돈과 사람에게 사랑받는 행복한 부자의 길을 걷기를 바랍니다.

_미야모토 마유미

차례

제2장
운이 들어오는 말투는 따로 있다

제3장
사람들을 내 편으로 만들지 못하면 의미가 없다

제4장
모든 관계는
대화에서 시작된다

제5장
말 잘하는 사람은
외모부터 다르다

제1장:

돈 잘 버는 사람보다
말 잘하는 사람이 부자가 된다
A RICH MAN'S SPEECH

A RICH MAN'S SPEECH

돈을 많이 버는 사람이
무조건 부자가 되는 것은 아니다

기억하세요. 어떻게 말하느냐에 따라서 돈을 잘 버는 사람이 될 수는 있지만 '부자'가 될 수는 없습니다. 돈을 잘 벌면 부자가 될 거라고 단순하게 생각할 수 있지만, 사실은 그렇지 않죠. 지금보다 돈을 10배로 벌면 10배가 모인다고 생각하면 큰 오산입니다.

예를 들어 어떤 이가 지금까지는 10만 원짜리 가방에 만족했다고 해 봅시다. 그런데 돈을 많이 벌면 그만큼 욕심도 커져서 샤넬 같은 명품 가방을 들고 싶어집니다. 그런데 명품 브랜드의 가방은 못해도 5백만 원은 하지요. 이는 원래 사용하던 가방의 50배나 되는 가격입니다. 이처럼 수입이 10배가 되면 보란 듯이 50배나 비싼 물건을 손에 넣고 싶어집니다. 그런데 나가는 돈이 버는 돈보다 크면 절대로 돈을 모을 수 없습니다. 이런 사람은 돈을 많이 벌 수는 있어도 부자가 될 수는 없지요. 돈은 모을 생각이 없는 사람 곁으로는 모이지 않습니다.

이처럼 '돈을 잘 버는 것'과 '돈을 잘 모으는 것'은 별개의 문제이기 때문에 다른 차원에서 논의되어야 합니다. 대화법을 잘 활용해서 사람들에게 호감을 주고, 일을 따내고, 돈을 잘 벌 수는 있어도 그런 사람이 반드시 부자가 되는 것은 아닙니다. 그래서인지 1년에 몇 십억 원이나 되는 큰돈을 벌고 있는데도 정작 보유 자산은 얼마 안 되는 사람이 의외로 많습니다. 돈을 잘 벌게 해 주는 대화법은 있어도 부자가 되게 해 주는 대화법은 없다는 사실을 기억하시기 바랍니다.

A RICH MAN'S SPEECH

10만 원이라도 모을 수 있다면
당신도 곧 부자!

우선 부자의 의미부터 다시 생각해 봅시다. 부자인지 아닌지 여부를 가릴 때 사람들은 보통 얼마를 가졌는지를 중요한 기준으로 삼습니다. 보유 자산으로 부자인 사람과 그렇지 않은 사람을 나눌 수 있다는 생각이지요. 하지만 이는 잘못된 생각입니다. 단순하게 말하자면 부자는 '돈을 가진 사람'이기 때문입니다.

예를 들어 당신이 무일푼이라고 해 봅시다. 그렇다면 당신은 '돈을 못 가진 사람'이겠지요. 그런데 어느 날 10만 원을 저금하면 10만 원이라는 '돈을 가진 사람' 즉, 부자가 됩니다. 이제 가진 자의 대열에 합류했다고 할 수 있습니다.

다음 달에도 10만 원을 저금하면 당신은 총 20만 원을 가진 사람이 됩니다. 결국 본인이 부자를 어떻게 정의하고, 어떤 마음가짐으로 돈을 모을 것인지가 중요합니다. 비록 적은 금액이라도 매달 저금을 하면 점점 부자가 됩니다.

그런데 아무리 돈을 많이 벌어도 버는 족족 써 버린다면 남에게 돈을 다 퍼 주느라 정작 열심히 돈을 번 자기 자신에게는 한 푼도 주지 않는 꼴이 됩니다. 자기 수중에 땡전 한 푼 남아 있지 않다면 돈을 옷 가게나 레스토랑 등에 몽땅 가져다 주고 자신에게는 한 푼도 주지 않은 것이나 마찬가지라는 말입니다. 돈은 그런 사람을 따르지 않습니다.

당신이 현재 얼마를 버느냐는 중요하지 않습니다. 월급이 100만 원인 사람이 그 10퍼센트인 10만 원을 자기 수중에 남겨 둔다면, 돈은 그 사람을 따르게 되어 있습니다. 그렇게 다음 달에도 10만 원, 그다음 달에도 10만 원을 모으는 사람은 '가진 자가 되는 여행길'에 오른 사람(부자)입니다.

한 달 용돈이 3만 원인 아이가 3천 원씩 저금하기 시작했다면 그 아이는 이미 부자입니다. 가진 족족 써 버리는 인생길이 아니라 가진 자가 되는 여행길에 올랐기 때문이지요.

결국 부자가 될 수 있느냐 없느냐를 판단하는 데 현재 소유한 돈의 많고 적음은 중요하지 않습니다. 20만 원밖에 없었던 사람이 30만 원을 가지게 되었다면 그걸로 충분히 부자가 되는 길로 들어섰다고 할 수 있습니다.

수중의 돈을 모두 써 버리는 사람과 조금이라도 모으는 사람은 앞으로 매우 다른 인생을 살게 될 것입니다. 상행선을 탄 사람과 하행선을 탄 사람이 서로 가는 길도 다르고 도착하는 장소도 다른 것처럼 말이지요.

이 사실을 모른다면 설령 당신이 10억 원의 유산을 물려받았다 할지라도 물이 고인 저수지를 가진 것과 마찬가지입니다. 고인 물은 점점 말라 가다가 눈 깜짝할 사이에 자취를 감추고 맙니다. 물이 땅으로 흡수되거나 햇볕을 받아서 말라 버리는 것이지요.

적은 금액이라도 돈을 모으려면 일을 해야 하고, 일한다는 것은 강의 흐름을 만든다는 뜻입니다. 그리고 흐름을 조절하기 위해 댐을 지으면 좋겠지요. 일을 싫어하는 사람은 얼마 안 되는 돈만 들어와도 금방 일을 그만두고 싶어 합니다. 하지만 강의 흐름이 없는 곳에 댐을 만들어 봤자 아무 소용이 없습니다. 금세 말라 버리기 때문입니다.

"난 지난달보다 부자가 되었어", "지지난달보다 부자가 되었지"라고 말하는 사람은 누가 뭐라고 하든 부자입니다.

목표를 향해 나아가고 있고, 10만 원이든 20만 원이든 모을 수 있다면 이미 부자가 된 것과 다름없으니까요. 작은 성공을 쌓으면서 점차 성공한 사람이 되는 것이지 한순간에 성공할 수는 없습니다. 돈에 관해서는 더욱 그렇습니다.

이 사실을 안다면 대화도 항상 즐겁게 해야 합니다. 저는 주위 사람들에게 일본 최고의 부자라는 말을 자주 듣고는 합니다. 그런데 저에게 "저도 돈을 열심히 모으고 있어요"라고 말하는 사람은 저와 마찬가지로 가진 자가 되는 여행길에 오른 동료입니다. 그렇기 때문에 그런 이들을 만나면 "힘내세요!", "궁금한 게 있으면 언제든지 물어봐요"라고 말하며 진심으로 응원하고 싶어집니다. 같은 길을 걸어가는 동료니까요.

사실 저는 돈을 모으려고 해서 모은 것이 아닙니다. 제가 남들과 다른 점이 있다면 특별히 갖고 싶은 물건이 없다는 것 정도일까요? 조금 독특한 케이스라고 생각할 수도 있겠지만, 저는 일을 좋아하고 갖고 싶은 물건이 없어서 돈이 저절로 모인 것이나 마찬가지입니다.

만약 당신이 저와는 달리 돈이 있으면 일단 써야 직성이 풀리는 성격이라면 이제부터는 모아야 합니다. 이 사실을 알고 돈을 모으기 시작하면 당신도 부자가 되는 성공 가도를 매일 조금씩 걷게 될 것입니다.

현재 돈이 별로 없다고 해서 기죽지 않아도 됩니다. 미국의 석유왕 록펠러든 다른 어떤 억만장자든 당신과 같은 목표를 가지고 같은 길을 걷는 사람일 뿐입니다. 그렇기 때문에 누구에게도 열등감을 느낄 필요는 없습니다.

야쿠 섬에는 야쿠 삼나무가 아주 많은데, 키가 아주 큰 삼나무도 처음에는 모두 다 작은 삼나무였습니다. 그래도 완벽한 삼나무였지요. 중요한 것은 큰 삼나무가 작은 삼나무를 보고 무시하는 일은 없다는 것입니다.

성공한 사람은 자기 나름대로 인생에서 여러 가지 우여곡절을 겪으면서 성공 가도에 올랐기 때문에 자신과 같은 생각으로 열심히 사는 사람을 무시하는 행동은 절대 하지 않습니다. 만약에 무시하는 사람이 있다면 성격이 몹시 삐뚤어진 사람이겠지요. 그런 사람과는 사귀지 말라는 신의 계시가 내려올 것이 분명합니다.

자신이 성장하면 보이는 것도 달라집니다. 10센티미터 높이에서 볼 때와 1미터 높이에서 볼 때는 보이는 풍경이 전혀 다릅니다. 도쿄에서 가장 높은 빌딩에 올라가면 도쿄 시내가 한눈에 내려다보이지요. 이처럼 성장할수록 보이지 않던 것이 조금 더 잘 보이게 될 겁니다.

A RICH MAN'S SPEECH

돈을 끌어당기는
최고의 말

앞서 어떻게 말하느냐에 따라서 돈을 잘 버는 사람이 될 수는 있지만, 부자가 될 수는 없다고 말했습니다. 그런데 부자가 될 수 있는 '돈을 끌어당기는 말'은 따로 있습니다. 그 말은 바로 "일하는 게 제일 좋아요!"라는 말입니다.

설령 당신이 낚시를 가장 좋아하더라도 "낚시가 제일 좋다"고 말해서는 안 됩니다. 낚시나 드라이브는 돈이 있기에 가능한 일이고, 돈을 낳는 수단은 누가 뭐래도 일입니다. "일하기 싫다"고 말하면 일의 신에게 미움을 받는 것은 물론이고, 돈의 신에게도 미움을 받게 됩니다. 그리고 아무리 돈을 좋아하더라도 돈이 가장 좋다고 노골적으로 말하면 남들 눈에 좋게 보이지 않습니다. 같은 말이라도 어떻게 하느냐가 중요하지요.

예를 들어 "취미가 뭐예요?"라고 물었을 때, "경마예요"라고 대답하는 것보다 "승마예요"라고 대답하는 편이 멋있어 보이지 않을까요? 똑같이 말(馬)을 좋아해도 어떻게 말하느냐에 따라서 그 사람의 인상이 달라집니다. 이와 마찬가지로 '돈을 좋아한다'고 말한다고 한들 돈에 사랑받지는 못합니다. '일을 좋아한다'고 말하면 처음에는 "네? 일을 좋아하신다고요?" 하면서 놀라는 사람도 있겠지만, 계속해서 "네! 저는 제 일을 정말 사랑해요"라고 밀고 나가면 됩니다.

왜 이렇게 해야 할까요? 부자가 되기 위해서입니다. 남들과 같은 말을 하면서 다른 결과를 낼 수는 없습니다. 게다가 "일하는 게 재밌어요. 보람도 있고 즐겁거든요"라고 말하면 듣는 사람도 왠지 기분이 좋아집니다. 그리고 무엇보다 이말은 돈이 기뻐할 만한 말입니다.

속으로는 일을 싫어해도 좋으니 일하는 걸 좋아한다고 말해 보시기 바랍니다. '좋다, 좋다' 하는 사이에 정말로 일을 좋아하게 될 테니까요. 이것이 바로 말이 가진 신비한 힘입니다.

역할극을 한다고
생각해라

말할 때 가장 중요한 것을 한 가지만 고르라고 하면 '상대방이 기분 상하지 않게 말하기'입니다. 그렇다면 당신이 어떻게 말할 때 상대방의 기분이 상할까요?

아마 말에 가시 또는 독기가 있거나 혹은 당신의 말투 때문에 상처를 받을 수도 있을 것입니다. 그런데 남에게 상처 주는 말버릇을 고치기로 마음먹었다고 해서 평상시에 사용하던 표현이나 말투를 갑자기 바꾸기는 쉽지 않습니다. 이럴 때는 차라리 '역할극을 한다'고 생각하면 도움이 됩니다.

이렇게 생각해 보면 어떨까요? 지금까지 당신 인생이 잘 풀리지 않았던 이유는 '인생이 잘 안 풀리는 말투로 이야기하는 역할을 해 왔기 때문'이라고 말입니다. 이미 그런 부정적인 이미지가 다른 사람뿐 아니라 당신 자신 안에도 만들어져 있습니다.

그렇다면 이제 자신을 배우라고 생각해 보면 어떨까요? 인생이 잘 풀리는 편의점 아르바이트생 역할을 한다고 해봅시다. '우리나라에서 가장 인상이 좋고, 명랑하게 말하는 아르바이트생'이라는 설정을 해 보는 겁니다.

그런데 대화를 상대방과 나, 단둘이서 한다고 생각하면 대화 내용을 바꾸기가 어렵습니다. 왜냐하면 일상적인 대화는 보통 상대방이 가시 돋친 말을 하면 나도 가시 돋친 말로 되받아치는 식으로 진행되기 때문입니다. '상대가 아무리 가시 돋친 말을 해도, 나는 상대에게 좋은 말만 하는 역할을 맡았다'고 생각해야 합니다. 그러지 않으면 대화 도중에 자기도 모르게 화가 나게 마련이니까요. 아마 화가 머리끝까지 나서 더 심한 말로 갚아 주고 싶겠지요.

말이란 마음에서 나오기 때문에 자신의 마음이나 역할을 바꿀 생각을 하지 않고 입에서 나오는 말만 바꿀 수는 없습니다.

그런데 하는 말이 바뀌면 인생이 180도 달라집니다. 지금까지는 '이렇게 말하면 이런 말이 돌아온다'는 식의 대화 패턴이 대강 정해져 있었을 겁니다. 그런데 자신이 되돌려 줄 말을 다른 좋은 말로 바꾸면, 상대방은 놀라게 되어 있습니다. 말이 바뀌면 세상 사람들이 당신을 보는 눈도 달라집니다. 이렇게 되었을 때 비로소 당신의 운세도 좋은 방향으로 바뀌는 것입니다.

상대가 가시 돋친 말을 계속해서 내뱉어도 절대로 되받아치면 안 됩니다. 예를 들어 저에게 "부자 중에는 재수 없는 사람이 많다"고 말하는 사람이 있다고 해서 똑같이 가시 돋친 말을 하거나 배로 갚아 주려고 하면 그 순간 제 운세가 꺾이고 말 것입니다. 이때 웃으면서 "그건 재수 없는 사람이 어쩌다 부자가 된 거겠죠. 부자 중에도 좋은 사람이 상당히 많아요"라거나 "저도 남들보다 부자가 되고 나서는 재수 없다는 소리를 안 들으려고 조심하고 있어요"라는 식으로 자연스럽게 좋은 말로 받아넘기면 어떨까요?

이는 '신이 제안한 게임이다. 한 사람은 상대방의 가시 돋친 말을 예쁜 말로 되돌려 주는 역할을 해야 하는데, 내가 그 역할을 맡았다'고 생각하지 않으면 결코 할 수 없는 일입니다.

물론 자기도 모르는 사이에 입에서 튀어나오는 말을 모조리 예쁜 말로 바꾸는 일은 참으로 힘듭니다. 자신의 말에 절대로 나쁜 기운을 넣지 않으려고 해도, 무의식중에 화난 마음이 드러나기도 하지요. 습관이란 그런 겁니다. 그렇기 때문에 그 습관을 바꾸는 일은 보람이 있습니다. 그리고 습관을 바꿨을 때, 상당히 큰 변화가 일어납니다. 이 부분을 이해하지 못하면 이 책을 읽더라도 결국 부자가 되는 대화법을 실천할 수가 없을 겁니다.

처음에는 못해도 상관없습니다. 하지만 거기서 좌절할 것이 아니라 '다음에는 조심하자'고 신경을 쓰다 보면 하루에 100번 독이 든 말을 하던 것이 99번이 되고, 98번이 되는 식으로 하나씩이라도 줄게 될 겁니다. 그리고 50번 정도로 줄었을 때, 당신에 대한 사람들의 평가도 달라지겠지요.

남들에게 상처 주는 말을 자주 내뱉으면서 "내가 원래는 착한 사람인데……"라는 말을 하는 사람이 있습니다. 그런데 원래 착한 사람은 남에게 상처 주는 말을 하지 않죠. 그런 모순적인 사람과는 사귀지 말아야 합니다. 가까이만 있어도 운세가 나빠지기 때문에 가능한 피하는 편이 좋습니다. 그리고 어쩔 수 없이 그 사람과 대화해야 한다고 해도 당신은 절대로 나쁜 말을 하지 않아야 합니다. 이것이 가장 중요합니다.

물론 습관이란 무서워서 이렇게 결심하고도 자기도 모르

게 나쁜 말이 나올 때도 있겠지요. 하지만 그럴 때마다 앞으로는 절대로 나쁜 말을 하지 않겠다고 다짐하면 조금씩이라도 변하게 되어 있습니다.

목소리 톤을 높이면
부자가 될 확률도 높아진다

말에 우리를 변화시키는 힘이 내재해 있는 것처럼 소리에도 힘이 존재합니다. 그래서 '목소리 톤'이 중요합니다.

예를 들어 학원 선생님이 어느 날 학부모에게 한 소리를 듣고 기분이 상했다고 해 봅시다. 이때 어둡고 낮은 톤으로 "선생님 오늘 기분이 안 좋아↘"라고 말하면 학생들도 선생님이 기분이 안 좋다는 사실을 알 수 있습니다. 그런데 활기차고 밝은 톤으로 "선생님 오늘 기분이 안 좋다고!↗"라고 말하면 어떨까요? 목소리가 밝아서 기분이 안 좋은 것처럼 보이지 않겠지요.

그래서 말의 내용이 아니라 말을 할 때의 목소리 톤, 즉 소리의 힘이 그만큼 중요합니다. 아무리 긍정적인 말을 해도 어두운 얼굴로 낮게 중얼거리면 그저 무언가에 홀린 것처럼 보이지 않을까요?

물론 말의 내용까지 좋으면 더할 나위 없겠지만, 때로는 말의 내용보다 어떤 톤으로 말하느냐가 더 중요합니다. 목소리 톤이 중요하다는 사실을 안다면 기분이 안 좋을 때도 어떻게 기분을 좋게 할까가 아니라 "기분이 안 좋아!╱"라고 활기차게 말하면 됩니다. 그러면 없던 기운도 생기니까요. 밝고 활기차게 열 번씩 말해 보시기 바랍니다. 그러고 나면 기분 전환이 되어서 '이제 다시 일 좀 해 볼까?' 하는 생각이 들 것입니다.

목소리 톤을 올리면 일의 속도도 빨라집니다. 속도가 빨라지면 기분도 함께 고조되기 때문에 기분 전환도 빨라집니다. 어떤 말을 하느냐도 중요하지만, 일단 목소리 톤이 밝으면 좋은 인상을 주기도 합니다. 따라서 항상 목소리 톤에 신경을 써야 합니다.

A RICH MAN'S SPEECH

눈 대신
미간을 보자

자신보다 나이가 많거나 사회적 지위가 높은 상대와 눈을 잘 맞추지 못하는 사람이 있습니다. 그렇게 마음이 약한 사람에게 아무리 '눈을 맞추고 이야기하라'고 말해 봤자 소용이 없겠지요.

그러면 어디에 시선을 두면 좋을까요? 상대의 미간을 보시기 바랍니다. 부드러운 미소를 지으면서 상대의 미간을 바라보면 긴장하지 않을 수 있습니다.

아무리 강한 사람이라도 자신보다 강한 상대를 만나면 자기도 모르게 눈을 피하게 됩니다. 그런데 눈을 피하는 순간

승부는 결정이 나지요. 그렇기 때문에 사실 눈을 피하지 않는 것이 가장 바람직한 태도입니다.

하지만 상대의 눈을 지그시 바라볼 자신이 없다고 해서 기가 죽을 필요는 없습니다. 우선 상대의 미간에 부드러운 시선을 보내면 되니까요. 미간을 바라보는 데 익숙해지면 자연스레 상대방 눈을 볼 수 있게 될 것입니다.

잘 들어 주는 사람은
잘 끌어낸다

흔히들 '상대방 이야기를 잘 들어 주면, 대화를 잘할 수 있다'고 말합니다. 그런데 그냥 듣기만 하면 잘 들어 주는 것일까요? 곰곰이 생각해 보시기 바랍니다. 잘 들어 준다는 말에는 이야기를 잘 끌어낸다는 뜻도 담겨 있습니다. 말하는 사람 입에서 이야기가 술술 나오도록 유도를 잘해야 한다는 말이지요.

그렇다면 어떻게 이야기를 끌어내야 할까요? 예를 들어 출판사 사람과 만나면 출판에 관해서 물어보면 됩니다. "요즘에는 어떤 책이 인기예요?", "계속 잘 나가는 책을 쓰는 저자는 어떤 점이 다른가요?"라는 식으로 상대방의 전문 분야에 관해서 물어보면 열심히 대답을 해 주기 마련입니다.

스스로 회사를 차린 사장이라면 "어떤 경위로 회사를 만드셨나요?", "성공의 비결이 뭐예요?" 등의 질문을 할 수 있겠지요. 또 연세가 지긋하신 어르신께는 "전쟁 때는 어땠나요?"라고 물을 수도 있습니다.

다른 사람들은 지금까지 내가 하지 못한 수많은 경험을 하면서 살아왔습니다. '아, 그렇구나' 하고 절로 감탄이 터져 나오고, 인생에 도움이 될 만한 이야기가 넘쳐납니다. 그야말로 보물이 산더미처럼 쌓여 있는 것이지요. 하지만 다른 사람의 경험담은 석유와 같아서 가만히 있으면 절대로 솟아 나오지 않습니다. 누군가가 열심히 파야만 나오지요. 그런데 먼저 말하기를 꺼린다기보다는 무슨 말을 해야 할지를 몰라서 침묵하는 사람도 의외로 많습니다.

저는 개인적으로 사람을 아주 좋아합니다. 사람에게 흥미가 있기 때문에 어디에 가든지 그 자리에서 만난 사람과 대화하지요. 홋카이도의 시레토코를 여행하다가 어부를 만났을 때는 "여기서는 어떤 생선이 잡히나요?", "바다가 얼었을 때는 무슨 일을 하세요?", "여자 친구는 어떻게 찾아요?" 하고 신나게 질문을 했습니다. 관심이 많기 때문에 여러 가지 질문을 할 수 있는 것이지요. 홋카이도의 어부들에게는 일상적인 일이기 때문에 별로 재밌는 이야기라고 생각하지 않겠지만, 저에게는 오호츠크의 얼음 바다에 나간 이야기가 매우 흥미롭게 느껴지지요. 단, 질문할 때는 그 사람이 알 만한 것만 물어봐야 합니다.

이런 요령만 알면 '이 사람에게 어떤 이야기를 물어보면 잘 대답해 줄까?', '이 사람이 일하는 업계는 어떤 업계일까?'를 생각하면서 질문만 하면 되기 때문에 쉽게 이야기를 이어갈 수 있습니다. 즉, 그 사람이 특기로 하는 것을 물어보면 이야기가 활기를 띱니다.

참고로 저에게는 "아이가 학교에 가지 않으려 하는데, 어떻게 하면 좋을까요?"라는 질문을 하면 안 됩니다. 저도 학교에 안 갔기 때문입니다. 만약 저에게 자녀에 관한 상담을 하고 싶다면, 학교에 다니지 않고도 성공하는 방법을 물어보면 됩니다.

누구나 신이 만들어 준 한 편의 인생 드라마가 있습니다. 그 이야기를 모으면 책 한 권은 거뜬히 쓸 수 있지요. 이웃에 사는 평범한 할머니도 아이를 기르면서, 그리고 전쟁을 치르면서 겪은 파란만장한 인생 스토리가 있습니다.

그걸 물어봐 주면 얼마든지 이야기해 줄 것입니다. 그리고 이야기가 끝없이 이어져서 "자네도 참 재밌는 사람이구먼. 우리 집에서 같이 밥이나 먹고 가시게" 하고 초대를 받을 만큼 가까워질지도 모르지요.

사람은 누구나 자기에게 관심을 두는 사람을 좋아합니다. 제가 자연스레 사람들의 호감을 얻는 이유는 평범한 아주머니를 봐도 대단한 경험을 쌓은 훌륭한 여성으로 보기 때문입니다. 본인조차 모르는 부분을 발견해 주는 것이지요. 이런 마음으로 대화하기 때문에 상대방도 저의 호의를 받아주는 것 같습니다. 이렇게 타인에게 관심을 두면 인간관계가 잘 풀립니다.

다시 한번 말하지만 이야기를 잘 들어준다는 말은 그저 듣기만 하면 된다는 뜻이 아닙니다. 이야기를 잘 끌어내는 것이 중요합니다.

경쟁 상대는
자기 자신뿐이다

상대의 이야기를 듣는 요령은 간단합니다. 자신이 이야기하는 입장이 되었을 때 '상대가 어떤 태도로 들어 주면 말하기 쉬운가?'를 생각하면 쉽게 알 수 있습니다.

들는 사람이 미소를 짓고 있어야 마음이 편한 것은 말할 것도 없습니다. 그리고 적절한 타이밍에 "아, 그래요?" 하면서 맞장구를 쳐 주면 더욱 좋겠지요.

남에게 상처를 주거나 불쾌한 기분이 들게 하면 당연히 마이너스입니다. 이런 행동을 하지 않았을 때, 겨우 플러스 마이너스 제로(±0)이지요.

어떤 일이든 능숙해지기까지는 몇 가지 단계를 거쳐야 하고, 뛰는 놈 위에 나는 놈이 있기 마련이라 가장 높은 곳에 오르기는 절대 쉽지 않습니다. 하지만 어렵게만 생각하지 마시기 바랍니다. 우선은 '현재 내가 어디에 있는가?'만 알면 됩니다.

현재 자신이 사람들과 대화할 때 미소조차 짓지 못한다면 남들이 이야기하는 동안 살며시 미소 띤 얼굴로 듣는 연습을 하면 되고, 맞장구를 치지 못한다면 맞장구치는 연습을 하면 되겠지요.

지금 서 있는 위치에서 한 계단씩 올라가면 됩니다. 앞으로 올라갈 계단이 끝없이 길게 이어져 있습니다. 한 계단을 올라갔다고 해서 자신은 이제 프로라고 자만해서는 안 됩니다. 이는 서툰 사람 눈에 비친 프로이기 때문입니다. 진짜 프로의 눈으로 보면 아직 올라갈 곳이 많이 남아 있습니다.

이와 마찬가지로 '지옥에는 밑바닥이 없다'는 말처럼 아래에는 더 아래가 있어서 자칫 잘못하면 밑바닥까지 끝없이 추락할 수도 있습니다.

처음에는 지금 자신이 어느 단계에 있는지를 스스로 파악하고, 거기서 한 계단만 올라가면 됩니다. 한 계단 올라가기에 성공하면 또 한 계단, 또 한 계단씩 올라가시기 바랍니다.

이것이 인생의 즐거움입니다.

그런데 한 계단 올라가는 일을 괴롭게 생각하는 사람이 있습니다. 만약 이 일이 괴롭게 느껴진다면, 자신이 진정으로 부자가 되고 싶은지를 다시 한번 생각해 보시기 바랍니다. 10만 원을 모으면 10만 원을 가진 부자가 됩니다. 당신은 이미 부자를 향해 나아가고 있습니다. 목표를 향해 나아가는 일은 결코 괴롭고 힘든 일이 아닙니다.

저는 아오모리에 가는 것을 무척 좋아하는데, 그래서인지 북쪽으로 갈 채비만 해도 신이 납니다. 중간에 라멘을 먹든 경치를 보든 그저 북쪽을 향해 가고 있다는 사실만으로도 즐거운 것이지요.

만약 어떤 일을 하는 과정이 싫다면, 사실은 그 일이 하기 싫은 겁니다. 그렇게 괴롭다면 차라리 그만두는 편이 낫습니다. 자신의 목표를 향해 가는 일이 괴로울 리가 없으니까요.

그렇기 때문에 부자가 되고 싶은 사람은 부자가 되겠다고 결심만 해도 반은 이루어진 것과 다름없습니다. 나머지는 적은 금액이라도 모으기 시작하면 됩니다. 결국 경쟁 상대는 자기 자신뿐입니다.

고교 야구 선수 중에서 고시엔(甲子園, 효고현에 있는 야구

장으로 고교 야구 선수들에게 꿈의 무대로 불린다―옮긴이)을 목표로 하는 선수라면 아무리 야구 배트 휘두르는 연습을 많이 해도 분명 즐거울 것입니다. 축구 선수가 되고자 하는 사람은 공 차는 연습을 아무리 많이 해도 즐거울 것이고, 심지어는 공을 안고 자고 싶을 정도로 행복할지도 모릅니다. 꿈을 향해 나아가는 일이 어째서 괴로운 일이 될 수 있는지 저는 도저히 이해할 수가 없습니다.

대화도 마찬가지입니다. 말을 자연스럽게 잘하기 위해서 하나씩 스텝을 밟아 가는 동안 즐거움을 느낄 수 있어야 합니다. 이 책을 구매하고도 아무런 실천 없이 그만둔다면, 그 사람은 정말 대화를 잘하고자 하는 사람이 아닙니다.

당신이 정말로 하고 싶은 일을 하시기 바랍니다. 그것이 당신의 행복을 위한 길입니다. 저는 당신이 어떤 방법으로든 행복해졌으면 합니다. 제가 바라는 것은 그거 하나뿐입니다.

목표가 분명하면
더 빨리 이룰 수 있다

당신이 이 책을 읽는 이유는 아마 인생의 승자가 되고 싶기 때문이겠지요. 사람들에게 사랑받고, 돈도 많이 벌고, 주변 사람들의 상담도 해 주며 존경받는 사람은 행복할 테고, 당신 역시 그런 인생을 살고 싶을 것입니다.

그런데 만약 당신이 프랑스 요리 셰프가 되고 싶다면 프랑스 레스토랑에서 프라이팬을 열심히 휘둘러야 합니다. 그러면 10년쯤 지났을 때 틀림없이 프랑스 요리 셰프가 되어 있겠지요. 이는 '셰프가 되겠다'는 목표를 세우고 열심히 프라이팬을 움직여야만 얻을 수 있는 결과입니다.

부자가 되려는 사람은 10만 원씩이라도 모으기 시작하면 반드시 부자가 될 수 있습니다. 목표를 이루기 위해서 제대로 행동하지 않기 때문에 이루지 못하는 것일 뿐입니다. 목표를 이루기 위해서 해야 할 일을 하면, 반드시 목표를 이룰 수 있습니다.

혹자는 프랑스 요리 실력은 일류가 되었지만, 돈이 없다고 말할지도 모릅니다. 그것은 그 사람이 부자가 되려고 하지 않았기 때문입니다. 그렇다면 한 번에 두 가지를 하면 됩니다. 프랑스 요리 셰프도 되고, 10만 원씩 모으기도 하면 되겠지요. 셰프가 10만 원씩 모으지 말라는 법은 없으니 말입니다.

욕심을 더 내도 됩니다. 기왕이면 돈도 있고 사람들에게도 사랑받는 게 더 좋지 않을까요? 사람들에게 사랑받고, 남들과 즐거운 대화를 나눌 수 있고, 인기가 많고, 멋지고 젊어 보이면 더욱 좋겠지요. 욕심을 내자면 끝이 없습니다.

사람들은 흔히 부자가 되면 다른 사람이 자신의 기분을 맞춰 줄 거라고 기대합니다. 그런데 남이 내 기분을 맞춰 줄 때만 즐거움을 느낀다면 큰 문제입니다. 남이 내 기분을 맞춰주지 않으면 침울하고 재미없는 인생을 살게 될 테니까요.

저는 제 기분을 스스로 조절하기 때문에 매일 주체할 수 없을 정도로 즐겁습니다. 반대로 말하자면 즐거운 인생을 살고 싶기 때문에 이렇게 하는 것이지요.

저는 부자인 데다가 사람들의 사랑을 받으며 행복하게 살고 싶습니다. 당신도 자신의 목표를 향해 차근차근 전진해 보면 어떨까요?

조금만 노력해도
쉽게 부자가 될 수 있는 이유

강연을 하다 보면 상당히 심각한 얼굴로 듣는 사람이 있습니다. 그런데 의외로 그런 이가 강연이 끝나고 저를 찾아와서는 "정말 좋았습니다!", "감동했어요!"라고 말하는 경우가 많습니다.

어떻게 보면 참 안타까운 일입니다. 감동한 얼굴이 잔뜩 화가 난 얼굴처럼 보였으니까요. 사람들에게 호감을 주고 싶다면서 남들이 봤을 때 무서운 표정을 하고 있으면 과연 호감을 줄 수 있을까요? 이런 이들을 보면 마음이 아픕니다.

어떻게 하면 재미있게 말할 수 있을지 모르겠다고 말하는 사람도 사실은 재미있게 말하는 방법을 알고 있습니다. 알지만 게으름 때문에 그렇게 하지 않는 것뿐이지요.

성공이나 행복은 본디 인간이 당연히 그렇게 되어야 할 모습이자 인간의 권리입니다. 그런데 우리는 당연히 해야 할 일을 하지 않기 때문에 행복해지지 못하고 성공하지 못하는 것입니다.

상대방이 이야기하기 편하도록 웃는 얼굴로 듣고 맞장구를 치는 것은 말하는 사람에 대한 예의이고, 어떻게 보면 기본 상식입니다. 그런 당연한 일도 하지 않으면서 성공이나 행복을 바라서는 안 됩니다.

이 책을 100번쯤 읽어 보면 당연한 말만 쓰여 있다는 사실을 깨달을지도 모릅니다. 여러분은 당연한 일을 지금까지 하지 않았던 것뿐이지요. 우리가 하는 노력은 어찌 보면 '당연한 노력'입니다. 당연한 일을 하지 못하는 사람이 많기 때문에 하는 사람의 가치가 올라갑니다. 이 책을 산 사람 중 대부분은 아마 책을 읽기만 하고 실천하지는 않을 겁니다. 그렇기 때문에 실천하는 사람의 가치가 그만큼 올라갑니다.

말하는 방식을 바꾸고 싶다고 해도 어지간한 각오 없이는 바꾸기가 어렵습니다. 하지만 각오를 다지고 한 번이라도 실천한 사람은 상당한 효과를 볼 수 있을 것입니다.

마음을 담아야
진정한 대화다

말을 잘하는 사람을 흔히들 '청산유수 같다'고 합니다. 그런데 사람들은 막힘없이 술술 쏟아져 나오는 말에 감동하는 것이 아닙니다. 감동을 불러일으키는 것은 그 사람의 '마음'입니다.

예를 들어 텔레비전 방송에 출연해서 뭐든 좋으니 아무 이야기나 해 보라고 하면, 평범한 사람들은 당황해서 말문이 막히고 말 것입니다. 그런데 난치병을 앓고 있는 아이의 부모가 방송에 나온다면 "저희 아이를 살려 주세요. 여러분의 도움이 필요합니다"라고 눈물을 흘리며 목멘 소리로 호소할 것입니다. 사람들은 그 모습에 감동하겠지요. 결혼식에서 신부의 아버지가 "저희 딸을 잘 부탁드립니다"라고 더듬거리며 말할 때도 감동을 받습니다.

이처럼 말을 할 때 중요한 건 유창함이 아닙니다. 말은 마음에서 우러나오는 것이기 때문에 자기 마음을 잘 전달하면 듣는 이도 감동하게 되어 있습니다. 잘하고 못하고는 크게 상관이 없습니다. 결국은 마음의 문제입니다.

이 책을 읽고 대화법을 익혀서 유창하게 말을 한다고 한들, 사람들에게 미움을 살 만한 말을 하면 아무 소용이 없습니다. 말을 잘하는 것과 사람들에게 호감을 얻는 것은 별개의 문제입니다.

애완동물은 주는 것 없이 귀엽고 사랑스럽지요. 이는 애완동물의 '말(눈빛, 몸짓)'에는 가시가 없기 때문입니다. 개나 고양이와는 인간의 언어로 대화할 수 없지만, 그런 건 아무래도 상관없습니다. 말이 통하지 않아도 그만큼 친해질 수 있으니 말입니다.

말이 통하는 우리 인간은 멋진 말만 골라서 해야 하지 않을까요?

인생은 문제를
극복해 가는 게임이다

인간은 완벽하지 않기 때문에 저도 잘못된 말을 할 때가 있고, 일이 잘 풀리지 않을 때도 있습니다. 하지만 일단 일을 하면 누릴 수 있는 것이 상당히 많다는 사실을 아십니까?

인간은 억만장자든 세계에서 가장 돈이 많은 사람이든 누구나 일을 합니다. 모두들 일에서 즐거움을 느끼기 때문일 것입니다.

"일하기 싫다"고 말하며 일을 적으로 돌리는 사람은 하루에 8~9시간 동안 싫은 일을 하면서 지내야만 합니다. 즉, 깨어 있는 시간의 반 정도는 불쾌한 기분으로 있어야 하지요.

그러면 쉬는 날 술을 마시러 가도 기분이 좋지 못합니다.

그런데 일을 친구로 만들면 가족처럼 예뻐하던 고양이가 죽어서 슬퍼하다가도 회사에 나가 일을 하는 동안에는 그 슬픔이 희석됩니다. 이처럼 일은 참 고마운 존재이지요.

'우리 부장은 이래서 싫고, 저래서 싫고……'라며 불평할 수도 있지만, 직장에서 마음에 안 드는 사람은 얼마든지 나타날 수 있습니다.

인생은 이를 극복하는 '게임'입니다. 축구 등 많은 스포츠가 그렇듯 우리 팀이 공을 넣으려고 할 때 이를 방해하는 상대 팀이 있기 때문에 게임이 더 흥미진진하고 재미있어지는 것입니다. 방해도 없이 마음껏 공을 넣으라고 하면 오히려 김이 빠지겠지요. 다양한 난관에 부딪히고 그것을 어떻게 극복할까 고민하면서 이렇게도 해 보고 저렇게도 해 보는 등 시행착오를 거치는 것이 인생입니다.

인생은 게임과 같습니다. 서로 다를지는 몰라도 모두에게 어떤 문제가 주어집니다. 당신에게만 문제가 주어지는 것이 아니지요. 문제를 해결하면 다음 단계로 넘어갑니다.

저는 "당신은 기분 나쁜 일 같은 건 없죠?"라는 말을 자주 듣는데, 저도 물론 기분 나쁜 일이 있습니다. 헤아릴 수 없이 많지요. 모두 극복하고 웃으며 사는 것뿐입니다. 누구에게나 일어나는 일이 예외 없이 저한테도 일어납니다. 중요한 것은 그걸 '어떻게 해결하느냐'입니다.

뭐든지 그렇습니다. 그렇기 때문에 괴롭고 힘든 건 누구나 마찬가지입니다. 괴롭고 힘들지만 어떻게 웃으면서 살 것인가를 생각해야 합니다.

다른 사람보다 많은 일을 하면 부담도 당연히 커집니다. 사장이 되면 사람들에게 존경도 받고 월급도 많이 받습니다. 하지만 그만큼 힘든 일도 감수해야 하지요. "사장 노릇하기 힘들다"라는 당연한 소리를 해서는 안 됩니다. 이런 말은 차라리 하지 않는 편이 낫습니다. 힘든 일을 겪을 때마다 웃으면서 극복하면 되니까요.

신은 저에게 저를 위한 문제를 냅니다. 당신에게는 당신을 위한 문제를 내지요. 자신에게 주어진 문제는 왠지 특수한 것처럼 생각하기 쉽지만, 이 세상에 특수한 문제는 없습니다. 당신에게 주어진 문제가 다른 사람들에게도 빈번하게 주어지니 말입니다.

만약 당신이 1만 명 중의 한 명꼴로 나타나는 병에 걸렸다고 해 봅시다. 그러면 당신은 희귀병에 걸렸다고 생각하겠지요. 하지만 일본에는 1억 2천만 명이 있습니다. 그렇다면 당신과 같은 병에 걸린 사람이 1만 2천 명이나 있다는 뜻입니다. 그렇게 따지면 아주 희귀한 병에 걸린 것도 아니지요. 그리고 반드시 이를 극복한 사람이 있습니다. 신은 극복할 수 없는 시련은 주지 않습니다. 쉽게 말하자면 빠져나갈 구멍이 없는 문제는 없다는 뜻입니다.

인터넷을 검색해 보면 요가를 해서 나았다거나 단식을 해서 나았다는 사례가 있을 수도 있습니다. 치료법은 어딘가에 반드시 있을 겁니다. 의사도 치료를 위해 애씁니다. 물론 의사에게만 의지하지 말고 스스로 극복할 방법을 찾는 편이 낫습니다. 그 병을 극복한 사람이 반드시 있을 테니까요.

어떤 문제가 되었든 찾아보면 그 문제를 잘 해결한 사람이 있습니다. 당신에게는 처음 있는 일이기 때문에 특수한 문제처럼 느껴지겠지만, 인류가 시작된 이래로 같은 문제로 고민한 사람이 셀 수 없이 많습니다. 그러므로 그 문제를 극복한 사람이 반드시 어딘가에 있습니다.

그런데 만약 극복한 사람이 단 한 명도 없다고 해 봅시다. 그렇다고 포기해야 할까요? 아닙니다. 절대 포기하지 말아야 합니다. 왜냐하면 제가 극복할 거니까요. 그리고 당신도 극복할 것입니다. 반드시 극복할 수 있습니다. 극복하지 못할 문제는 단 하나도 없습니다.

지난번에 어떤 이와 돈에 관해서 이야기를 나누던 중에

'부자가 되고 나서 불안해서 밖에 못 나가거나 강박 관념에 시달리는 사람이 있다'는 말을 들었습니다.

부자가 되는 것도 신이 주신 과제 중 하나입니다. 어떤 사람이 부자가 되었다는 말은 신의 과제 중 하나를 해결했다는 뜻입니다. 그런데 하나의 과제를 해결했더니 이번에는 공포에 시달리게 되는 또 다른 문제가 생겼습니다.

그런데 부자여도 저처럼 아무렇지 않게 돌아다니는 사람도 있습니다. 저는 사람은 나이가 많든 적든 수명이 다하기까지는 절대로 죽지 않는다고 생각합니다. 만약 제가 강도를 만나 살해당했다면 강도를 만났기 때문에 죽은 것이 아니라 거기서 죽을 운명이었던 것뿐입니다.

그러니 부자가 되어서 공포에 시달린다면 이를 이겨 내면 됩니다. 문제는 고민하기 위해서가 아니라 해결하기 위해서 존재합니다. 한 가지 문제를 해결하면 다음 문제, 그리고 또 다음 문제가 주어집니다. 그래도 웃으며 해결하면 됩니다. 해결하려고 하지 않고 고민만 하고 있으면 안 됩니다. 고민만 한다는 것은 아무런 진전 없이 헛돌고 있다는 뜻이니 말입니다.

어쩌면 "당신이 하는 말이 정말 다 맞나요?"라고 묻고 싶을지도 모릅니다. 저도 제 말이 모두 옳다고 장담하지는 못

합니다. 하지만 부자가 되었다고 해서 두려워하면서 사는 사람보다는 제가 더 행복하지 않을까요? 저는 마음으로 마음의 문제를 극복하고 있습니다. 병에 걸렸다면 병을 이겨낼 무언가가 필요합니다.

저는 신을 믿기 때문에 신은 빠져나갈 구멍이 없는 문제를 낼 리가 없다고 생각합니다. 반드시 이겨낼 방법이 있다고 믿지요.

우리에게는 지혜가 있습니다. 그리고 마음을 어떻게 먹느냐에 따라서 문제를 해결할 수 있습니다. 하지만 포기하는 사람에게는 지혜가 생기지 않습니다.

어떤 문제든 좋은 쪽, 밝은 쪽으로 우리를 이끌어 줄 길이 존재하기 마련입니다. 이렇게 생각하면 어떤 문제라도 해결 방법을 찾을 수 있습니다.

A RICH MAN'S SPEECH

결론 먼저
말해라

자기 의견을 전달하고자 할 때는 '헤드라인'부터 말해야 합니다. 신문이나 주간지를 보면 '열애 발각' 같은 헤드라인이 눈길을 끌지요. 헤드라인만 읽어도 '어떤 연예인이 기자에게 데이트하는 장면을 찍혔구나' 하고 추측하게 되면서 기사 내용이 궁금해집니다.

　기사를 읽어보면 '배우 ○○과 △△이 어제 저녁 함께 식사하는 장면이……' 하는 식으로 자세한 내용이 나옵니다. 이처럼 대화를 할 때도 중요한 부분을 먼저 말하는 것이 좋습니다.

예를 들면 먼저 "일과 관련된 부분에서 여쭙고 싶은 게 있습니다" 혹은 "요즘에 일이 잘 안 풀려서 조언을 구하고 싶어요"라고 결론 먼저 말하며 운을 떼는 것이지요. 중요한 것을 먼저 말하지 않으면 '대체 무슨 말이 하고 싶은 거지?' 하고 답답해지기 마련이지요. 텔레비전이든 주간지든 우선 상대의 관심을 붙들어야 합니다. 그러려면 먼저 무슨 말을 하고 싶은지를 전하는 것이 효과적이지요.

"동북 지방으로 여행을 가려고 하는데, 어디가 볼 만할까요?"라고 말하면 뭘 물어보고 싶은지가 명확해집니다. 처음에 그걸 묻고 나서 점점 세세한 부분을 이야기하면 됩니다. 그게 매너입니다.

일전에 어떤 친구가 "어린 시절의 일인데, 하굣길에 눈이 내려서……"라고 두서없이 말을 꺼낸 적이 있었습니다. '대체 무슨 말이 하고 싶은 걸까?' 하는 마음에 잠자코 끝까지 들어봤습니다. 그랬더니 결국 분뇨 구덩이에 빠졌다는 이야기였습니다. 분뇨 구덩이에 빠지기까지 30분이나 걸렸지요. 이렇게 말해서는 재밌는 이야기도 재미가 없어집니다.

결론을 먼저 말하고 해설은 나중에 하는 편이 좋습니다. 우선은 표제어를 제시해서 듣는 이의 마음부터 사로잡아야 합니다. 표제어로 대략적인 내용을 알게 하고, 거기에 부연 설명을 덧붙이는 것이 바람직하겠지요.

예를 들어 "구멍이 나지 않는 자전거 타이어를 만들려고 합니다"가 큰 표제어라고 해 봅시다. "그러려면 이렇게 하면 될 것 같아요"라고 말하면 부연 설명이 되겠지요. 이런 식으로 결론을 먼저 말하고, 거기에 자세한 이야기를 덧붙입니다. 큰 표제어는 반드시 결론이어야 합니다. 이 습관을 들여놓으면 누구나 조리 있게 말할 수 있습니다. 그런데 사람들은 보통 결론을 마지막에 말하는 경향이 있다는 게 문제입니다.

예전에 「오싱」이라는 드라마가 있었습니다. 이 드라마는 주인공 오싱의 회상 장면에서 시작합니다. 현재 오싱은 멋진 여사장이 되어 있지요. 어린 시절에 오싱이 아무리 고생을 하고 괴롭힘을 당해도 이 드라마를 계속해서 볼 수 있는 이유는 결국 오싱이 엄청나게 출세한다는 사실을 알기 때문입니다.

이를 처음에 보여 주지 않고 계속 괴롭힘 당하는 장면만 보여 주면, 안타까워서 보고 있을 수가 없을 것입니다. 그래서 처음에 '이 이야기는 해피엔딩'이라는 사실을 알려 준 다음 회상 장면이 나오는 거겠지요.

분뇨 구덩이에 빠진 이야기도 "눈 오는 날에 분뇨 구덩이에 빠져 버렸지 뭐야? 그날은 학교에 갈 때부터 눈이 내리기 시작했는데……"라고 말하면 결론을 알기 때문에 흥미롭게 들을 수 있습니다. 저는 사람 사는 이야기에 관심이 있고, 그 이전에 사람 자체에 관심이 있기 때문에 30분이 넘어가는 이야기도 꿋꿋하게 참고 들을 수 있습니다.

하지만 보통 사람들은 누군가가 무슨 말을 하려는 건지 도무지 파악이 안 되는 이야기를 늘어놓으면 대개는 도중에 듣기를 포기합니다. 그런데 그렇게 열심히 설명하는 사람은 대체로 성실하고 좋은 사람입니다. 그런 이가 재미없는 사람이라는 평가를 받을 걸 생각하면 가슴이 아픕니다.

이제 말하는 방식을 의식적으로 바꿔야 합니다. 말하는 데 자신이 없는 이들은 제 이야기를 무척 듣고 싶어 합니다. 제 이야기를 들으면 재미있고 즐겁기 때문이겠지요.

하지만 이야기를 듣고 만족하는 데서 그치면 안 됩니다. 배웠다면 스스로 행동해서 성장해야 합니다. 인간은 행동하지 않으면 괴로워지게 되어 있습니다. 이는 어쩔 수 없는 신의 섭리입니다.

돈을 10만 원이라도 모으면 즐거워집니다. 미소 짓는 연습을 해서 멋진 미소를 짓게 되면 즐거워집니다. 대화법을 바꿔도 즐거워집니다. 조금이라도 행동하면 즐거워지게 마런입니다. 그리고 우리가 행동하면 운이 좋은 쪽으로 흐르게 되어 있습니다.

책을 읽는 데서 끝나면 행동했다고 할 수 없습니다. 지식이 필요 없다는 말은 아닙니다. 물론 어느 정도의 소양은 필요합니다. 하지만 결국 중요한 것은 실제로 행동하는 것입니다.

가라테를 배우고 싶다면 인터넷 강좌를 보면서 8년 동안 가라테 공부를 하는 것보다 한 달이라도 가라테 도장에 다니는 편이 낫겠지요. 수영을 잘하고 싶다고 아무리 수영에 관한 책을 읽어도 수영 실력은 늘지 않습니다. 물속에 들어가서 실제로 헤엄쳐 보아야 하지요.

목표가 생겼다면 이제 행동하시기 바랍니다.

말을 잘하려고 하기보다는
뻔뻔해지자

윗사람과 대화할 때 긴장하지 않고 편하게 하려면 익숙해지는 방법밖에 없습니다. 물론 저처럼 누구를 만나든 원래 긴장하지 않는 사람도 있습니다. 제가 긴장하지 않는 이유는 '사람은 모두 평등하다'고 생각하기 때문입니다.

저는 만 16세에 사회에 나와서 수없이 많은 사람을 봐 왔습니다. 그러다 보니 자연히 높은 자리에 있다고 해서 그 사람이 특별히 대단한 사람은 아니라는 사실을 깨달았습니다. 저보다 먼저 달리기 시작했을 뿐이지요. 그 당시에 저는 '나도 저 나이가 되면 저 사람보다 높은 자리에 오를 수 있다'

고 생각했습니다.

그리고 사람마다 처지는 다를지 몰라도, 뭔가 특별하게 다른 점이 있는 것은 아닙니다. 극단적으로 말하면 혼자 눈이 네 개 있는 사람은 어디에도 없다는 말입니다. 이렇게 생각하면 모두가 똑같습니다.

저는 본디 사고방식이 이렇다 보니 누구에게도 열등감을 느끼지 않고, 반대로 자만하지도 않습니다. 하지만 당신이 사람들 앞에서 몹시 긴장한다고 해서 스스로 대인 기피증이라 판단하고 치료를 받을 필요는 없습니다. 치료할 것이 아니라 익숙하게 만들면 됩니다.

노래방에 가서 자주 노래를 부르면 점차 긴장하지 않고 부를 수 있게 됩니다. 노래 실력이 늘 거라는 보장은 없지만 말입니다. 다만 사람들 앞에서 노래하는 일에 익숙해지고 뻔뻔해질 뿐이지요. 하지만 아무리 노래를 못해도 주눅이 든 사람보다 당당하게 노래를 부르며 즐기는 사람이 보기 좋습니다.

이처럼 상사나 연장자와 대화할 때도 잘하려는 마음을 버리시기 바랍니다. 그저 뻔뻔해지면 되니까요. 당당하게 행동하면 그걸로 족합니다. 사실 상대방도 그다지 기대하고 있지 않을지도 모릅니다.

자신이 할 수 있는 일에 최선을 다하다 보면 점점 뻔뻔해집니다. 어떤 일이든 100번쯤 하면 익숙해지기 마련입니다. 인간은 습관의 동물이지요.

아침에 일찍 일어나지 못하는 사람은 처음에는 일찍 일어나는 일을 괴롭게 느낄지도 모릅니다. 하지만 밤에 일찍 잠자리에 들고 아침에 일찍 일어나기를 3일, 일주일을 이어가다 보면 어느 날부터는 일찍 일어나는 것이 힘들지 않게 될 것입니다. 아침에 일찍 일어나면 아침밥도 든든하게 먹고 회사에도 지각하지 않을 수 있습니다. 여유롭고 충실한 하루를 보낼 수 있지요. 처음부터 잘하려고 하는 것은 지나친 욕심입니다.

회사에서 의견을 말할 때 떨더라도 자기 의견을 말했다면 스스로 최고점을 주어야 합니다. 그러다 보면 익숙해져서 잘하게 될 테니 말입니다.

평상시에도 사람들 앞에서 말을 잘 못하는 사람이 결혼식에서 신랑 신부와의 추억을 이야기할 때(일본은 결혼식 피로연에서 지인들이 신랑 신부와의 추억을 이야기하는 시간이 있다—옮긴이) 자연스럽게 말하기란 절대 쉽지 않습니다. 솔직히 무리지요. 하지만 종이에 써서 읽든 어떤 방법을 쓰든 일단 해내면 됩니다. 이렇게만 해도 100점입니다. 어찌 되었든 해냈기 때문에 칭찬해 주어야 합니다. 사람들 앞에서 목소리를 낸 것만으로도 대단한 일이지요. 첫발을 뗐다면 앞으로는 뻔뻔해질 일만 남았습니다.

저는 여러 신을 믿습니다. 그중에서도 사루타히코 신은 운이 트이게 해 주는 신이기 때문에 이 신에게 빌면 인생이 좋은 방향으로 나아가게 됩니다. 좋은 기운이 저를 향해 오기 때문에 엄청난 속도로 운이 트입니다.

이 말을 듣고 왜 그렇게 되냐고 따지지 마시기 바랍니다. 사람은 너무 바보 같아도 안 되지만, 그렇다고 너무 똑똑해서도 안 됩니다. 익숙해지는 것도 이와 마찬가지여서 '왜 사람은 익숙해지는 거지?' 하고 머리로 생각해서는 안 됩니다. 논리적으로 따지지 말고 그저 익숙해져야 합니다.

신을 믿지 않는 사람은 본인 스스로가 인생의 최고 책임자가 됩니다. 그러면 '돈을 많이 벌면 거만하게 굴어도 된다', '돈을 벌기 위해서는 나쁜 짓을 하든 뭘 하든 상관없다'는 착각에 빠지기 쉽습니다. 하지만 신을 믿는 사람은 '이런 짓을 하면 천벌을 받는다', '그런 짓을 하면 지옥에 떨어진다'고 생각하기 때문에 나쁜 짓을 하지 않습니다. 자신이 최고 책임자가 아니고 자신보다 더 윗사람이 있다고 생각하면 나쁜 행동은 자제하게 되어 있지요.

신을 믿는 사람은 자신과 비교할 수 없을 만큼 대단한 능력을 갖춘 이가 있다는 사실을 압니다. 그렇기 때문에 언제 어디서나, 그리고 무슨 일이 일어나도 겸허하게 살 수 있습니다.

부자여서 행복한 게 아니라
행복해야 부자가 된다

예를 들어 당신이 어떤 이에게 기분 나쁜 말을 들었다고 해 봅시다. 이럴 때 당신도 똑같이 나쁜 말을 해서는 안 됩니다. 고추 씨앗을 심으면 고추가 납니다. 피망 씨앗을 심으면 피망이 나겠지요. 자신이 평소에 무엇을 심느냐가 중요합니다. 반드시 그것을 수확할 시기가 오기 때문입니다.

저는 항상 즐거움의 씨앗을 심고, 주위 사람들에게 도움이 되는 일의 씨앗을 심습니다. 언짢은 말을 들었다고 해서 똑같이 기분 나쁜 씨앗을 심으려고 하지는 않습니다. 저는 항상 좋은 씨앗만 심습니다.

고추 씨앗을 심은 사람은 스스로 고추를 수확하게 되듯이 나쁜 씨앗을 심은 사람은 반드시 나쁜 일을 거두게 됩니다. 험담을 들은 뒤 제가 할 수 있는 일은 험담하지 않는 일밖에 없습니다. 왜냐하면 제가 나쁜 말을 들었다고 해서 똑같이 나쁜 말을 하면 그 사람과 부둥켜안고 지옥에 떨어져야 하는데, 일단 저는 그런 사람과는 부둥켜안기가 싫습니다.

나라도 행복해지면 지구상에 불행한 사람이 적어도 한 사람은 줄어듭니다. 신이 기뻐하는 삶의 방식은 우선 나 자신이 가장 행복해지는 것입니다. 그게 된다면 한 사람이라도 더 많은 사람에게 그 방법을 알려야겠지요.

그렇게 행복해지는 방법을 가르쳐 주다 보면 그 내용이 모여서 책이 되는 경우도 있습니다. 그리고 그 책은 몇만 명의 사람에게 읽히기도 하지요. 중요한 것은 지금 내가 할 수 있는 눈앞에 놓인 일을 하는 것입니다.

그리고 자기 스스로 기분을 조절할 줄 모르는 사람은 절대로 행복해질 수 없습니다. 제가 항상 기분이 좋은 이유는 스스로 기분을 조절하기 때문입니다. 그래서 매일 즐겁습니다. 항상 즐겁기 때문에 언제든지 즐거운 이야기를 할 수 있습니다. 어떤 질문을 받아도 곧바로 대답할 수 있지요.

제가 이렇게 할 수 있는 이유는 어려서부터 항상 '어떻게 하면 행복할까'를 생각해 왔기 때문입니다. 예를 들어 도서관의 설계도를 그려달라는 말을 듣고 곧바로 그릴 수 있는 사람은 수십 년씩 도서관을 연구한 사람입니다. "한 달의 시간을 주십시오"라고 말하는 사람은 딱 한 달밖에 생각하지 않습니다. 곧바로 할 수 있는 사람은 머릿속에 수십 년의 생각과 경험이 있기 때문에 가능한 것이지요.

저는 계속해서 행복을 생각하며 살아왔습니다. 그래서 질문을 받고 대답하지 못할 것이 없지요. 물론 그렇다고 해서 제 대답이 '최고'라는 말은 아닙니다. 인간은 더 높은 수준으로 올라갈 수 있습니다. 이 사실을 잊으면 자신이 가장 위에 있다고 착각하게 되는데, 사실은 그렇지 않지요.

질문을 받으면 지금 내가 답할 수 있는 최고의 답을 하겠지만 더 훌륭한 답이 있을 겁니다. 5년 뒤에 물어보면 더 훌륭한 대답을 할 수 있습니다. 1년 뒤라도, 반년 뒤라도, 내일이라도 더 좋은 답이 나올 겁니다. 성장한다는 건 그런 것이겠지요.

A RICH MAN'S SPEECH

하지 말아야 할
말을 했다면

누구라도 자신의 발언에 대해 '왜 그런 식으로 말했을까' 하고 후회할 때가 있을 겁니다. 그런데 이런 생각을 한다는 것은 발전했다는 증거입니다. 왜냐하면 이런 생각을 하지 않았다면 자신이 잘못한 것조차 알지 못했을 테니까요.

그럴 때는 '오늘은 해서는 안 될 말을 해 버렸네'라고 하면서 실컷 후회하고 고민하면 됩니다. 이 또한 신이 주신 고민입니다. 그런 찜찜한 기분이나 괴로움을 느껴야 자신이 쓸데없는 말을 했다는 사실을 깨닫고 조심하게 됩니다.

살다 보면 누군가에게 가슴에 꽂히는 말을 들을 때가 있습니다. 피가 날 정도로 아프더라도 이 아픔을 억지로 막아서는 안 됩니다. 저는 피가 한껏 흐르도록 내버려 둡니다.

반대로 제 말 한마디로 상대가 피를 흘릴 때도 있습니다. 그럴 때는 상처받았을 때의 제 아픔을 떠올리면서 '본의 아니게 그런 말이 튀어나왔는데, 언짢은 기분이 드는 사람도 있겠구나' 하고 생각합니다. '난 이래도 돼'라며 반성하지 않고 넘어가서는 안 됩니다. 누군가가 상처를 받았다면 그럴 만한 이유가 있는 것입니다. 상처받은 사람 때문에 신경이 쓰이는 경험을 하고 나면 '두 번 다시 상처를 줄 만한 말은 하지 말자'고 다짐하게 됩니다. 그런 의미에서 아픔은 필요합니다. 그런데 아픔을 제대로 활용하지 않으면 아픈 의미가 없어집니다.

상대는 웃으며 용서해 줬지만 '그때 그런 식으로 말하는 게 아니었는데……' 하며 이틀 동안 괴로울 때가 있습니다. 그럴 때 그 이틀의 괴로움을 반나절로 줄이려고 해서는 안 됩니다. 꼬박 이틀 동안 괴로워해야 합니다.

그 고통을 극복하면 다음에는 절대로 말실수를 하지 않고 '상대방에게 어떤 식으로 말하면 좋을까?'를 진지하게 생각하게 될 겁니다. 그러면 지난번에는 "이런 멍청이 같으니라고!"라고 말해서 상대에게 상처를 주었다면, 이번에는 "으이 그" 정도로 말하고 넘어갈 수 있습니다. 그것만으로도 상당한 발전입니다. 결국 비슷한 말일지언정 조금이라도 표현을 부드럽게 바꿀 수 있으면 그것이 바로 발전이지요.

또 그 다음번에는 "으이그"라고 책망하듯이 말하는 대신 "모르는 게 있으면 가르쳐 줄게"라거나 "모르는 부분이 있으면 물어봐", "그렇게 하는 것도 틀린 건 아니지만, 이렇게 하는 편이 좋아"라고 친절하게 말할 수 있게 될지도 모릅니다.

우리는 누구나 실수투성이입니다. 하지만 발전하는 사람은 자신이 잘못했다는 사실을 인정합니다. '어제까지는 내가 옳다고 우겼는데, 내가 틀렸었다. 잘 생각해 보니 그쪽 말이 맞았다'라고 솔직하게 말할 수 있는 사람이 되어야 합니다.

자기 잘못을 인정하기가 창피하다고 생각하는 사람도 있지만, 사실은 인정하지 않는 사람이 창피한 것입니다. 저는 그런 사람이 되고 싶지 않습니다. 저는 제가 쓴 책이 잘 팔린다고, 또 사장이라고 으스대는 사람이 아니라 자신의 잘못을 인정할 줄 아는 사람이 되고 싶습니다. 자기 잘못을 인정할 줄 아는 사람은 얼마든지 발전할 수 있습니다.

우리는 성장하기 위해서 이 세상에 태어난 것이지 자신을 과시하기 위해서 태어난 것이 아닙니다. 기왕이면 후회하고 발전하면서 멋지게 사는 편이 좋지 않을까요?

제2장 :

운이 들어오는
말투는 따로 있다
A RICH MAN'S SPEECH

 A RICH MAN'S SPEECH

운은 마음먹은
사람에게만 찾아온다

당신은 어떤 부자가 되려고 이 책을 손에 드셨나요?

'가격표를 보지 않고 마음에 드는 옷을 모조리 사고 싶다!'

'원할 때, 원하는 곳으로 여행을 떠날 수 있는 부자가 되고 싶다!'

'페라리를 매년 한 대씩 살 만한 경제력을 갖추고 싶다!'

네, 될 수 있습니다! 반드시 당신이 바라는 부자가 될 수 있습니다. 하지만 어느 정도의 부자가 되고 싶은지는 사람마다 다릅니다. 사실 어느 정도의 부자가 될 것인가를 생각하기 이전에 해야 할 일은 '부자가 되겠다'는 각오를 다지는 일입니다. 무슨 일이든 일단 각오를 다지고 시작하지 않으면 절대로 잘 될 수가 없습니다.

저와 친한 40대 싱글맘 A 씨는 이혼한 뒤에 우연히 히토리 씨의 가르침을 접하게 되었고, 그의 말을 5년 정도 실천했더니 연 수입이 5천만 원이나 올랐다고 합니다. 지금은 항상 상냥하고도 자신감 넘치는 표정으로 싱글맘들의 고민을 들어 주고 상담도 해 줍니다.

그런 그녀도 처음 이혼을 해서 아이를 혼자 키우게 되었을 때는 아이를 위해서 돈을 더 벌어야 한다는 생각을 하면서 미래에 대한 불안감이 앞설 때가 많았다고 합니다. 하지만 '불안해한다고 해서 상황이 달라지는 것도 아니니까 내가 할 수 있는 일부터 해 보자!'고 마음을 다잡고 한 발짝 내디뎠더니 '이제 어떻게든 해 나갈 수밖에 없다'는 생각이 들면서 오히려 속이 후련해졌답니다.

그리고 히토리 씨의 책을 읽거나 강의를 들으면서 그의 가르침을 하나씩 실천했더니 남들보다 훨씬 빠르게 승진했고 월급도 올랐다고 합니다. 연봉이 5천만 원만 되어도 잘 번다고 말하는 요즘 같은 세상에 연봉이 5천만 원이나 올랐다니 정말 대단한 것 같습니다.

이렇게 성공한 사람을 보면 나와는 다른 세계의 사람처

럼 보여서 왠지 주눅이 들지도 모릅니다. 하지만 그들 또한 우리와 같은 사람입니다. 다른 점이 있다면 '각오'를 했느냐 하지 않았느냐 정도밖에 없습니다.

당신은 부자가 될 각오가 되어 있습니까?

A RICH MAN'S SPEECH

돈은 결국
사람이 운반한다

당신은 혹시 돈이 걸어 다니는 것을 본 적이 있습니까? 저는 돈이 걸어 다니는 모습을 지금까지 한 번도 목격하지 못했습니다. 돈에는 발이 달리지 않아서 걸을 수 없기 때문에, 돈이 줄을 맞추어 행진하면서 제 발로 당신 집을 찾아올 일을 죽었다 깨어나도 없습니다.

돈은 반드시 사람이 운반합니다. 그래서 사람들의 호감을 얻지 못하는 사람, 인간관계를 제대로 맺지 못하는 사람은 절대로 부자가 될 수 없습니다.

"하지만 사람들에게 미움 받는 부자도 있잖아요?"라고 반박할 수도 있습니다. 맞습니다. 어쩌면 나쁜 짓을 하거나 남을 속여서 돈을 빼앗는 등 사람들이 싫어하는 비열한 부자가 있을지도 모릅니다. 하지만 그렇게 만든 부는 결국 오래가지 못합니다. 여기서 말하는 부자의 대전제는 사람들의 호감을 사는 사람입니다. 그래야 오래갈 수 있기 때문이지요. 그렇다면 어떻게 해야 사람들의 호감을 살 수 있을까요?

인기 있는 가수가 도쿄돔에서 콘서트를 하면 몇만 명이나 되는 사람들이 돔을 가득 채우곤 합니다. 그런 걸 보면 사람은 사람을 좋아한다는 것을 알 수 있습니다. 판다보다 사람을 더 좋아한다는 뜻이죠. 본래 사람은 사람을 좋아하게 되어 있습니다. 그런데도 당신만 미움을 받는다면, 당신이 표정이나 태도 등에서 뭔가 호감을 잃을 만한 행동을 하고 있다는 뜻입니다.

사람들에게 호감을 얻으려면 미움을 살 만한 행동을 하지 말아야 합니다. 호감을 살 만한 행동을 하기보다는 미움을 살 만한 행동을 하지 않는 것이 중요하지요.

그중에서도 반드시 명심해야 할 것은 사람들이 싫어하는 이야기를 하지 말아야 한다는 것입니다. 누군가가 상처를 받을 만한 험담, 독설을 하지 말아야 한다는 뜻이지요. 자신이 이런 말을 자주 한다면 그 버릇부터 고쳐야 합니다.

히토리 씨는 부자가 되었지만 거만하게 군 적이 한 번도 없기 때문에 부자가 되어서도 남들의 미움을 사지 않고 잘 살고 있습니다. 사람들은 부자를 싫어하는 것이 아닙니다. 거만하게 구는 사람을 싫어할 뿐이지요. 사실 사람들은 생각보다 관대해서 특별히 남들이 싫어할 만한 짓만 안 하면 '좋은 사람'이라는 평가를 해 줍니다.

부자가 되었다고 해서 으스대지 않기는 사실 아주 쉽습니다. 변하지 않으면 되니까요. 누구나 돈이 없었던 시절이 있었을 테니 말입니다. 부자가 되었다고 해서 성격이 변한다면 돈에 패배한 것과 다름없습니다. 자기 역량보다 큰 것을 가졌기 때문에 태도가 변하는 것이지요.

사람들은 보통 '부자가 되면 변한다'는 말을 하는데, 그것은 그 사람이 그 정도 그릇밖에 안 되는 사람이었던 것일 뿐입니다.

사람들에게 "당신은 변함이 없으시네요"라는 말을 자주 듣는 히토리 씨는 그럴 때마다 이렇게 답합니다.

"정말로 좋은 물건은 변하지 않는 법이지요."

A RICH MAN'S SPEECH

말투를 바꾸면 일어나는
좋은 일들

혹시 스스로 말주변이 없다고 생각하시나요? 당신은 엄청난 행운아입니다. 왜냐하면 말이 늘 기회가 얼마든지 있다는 뜻이니까요. '내 말주변은 기껏해야 30점'이라고 생각한다면, 앞으로 70점이나 더 올라갈 기회가 있습니다. '내 말주변은 마이너스 30점'이라고 생각한다면, 130점이나 상승 폭이 있는 것이지요.

즉, 개선의 여지가 아주 많다는 뜻입니다. 대화 실력을 갈고닦는 보람을 더 크게 느낄 수 있습니다. 사람들은 '상승 폭'에 매력을 느낍니다. 그 변화의 크기를 보고 감탄하지요.

다만 30점에서 40점이 된다고 해서 갑자기 변화를 느끼기는 어렵습니다. 하지만 이 책에 소개한 방법을 뭐든 한 가지씩이라도 시도해 본다면, 반드시 어떤 변화의 조짐이 보일 겁니다.

예를 들어 술자리에 초대받거나, 일을 부탁받는 횟수가 늘거나, 칭찬받는 일이 늘거나 하는 식으로 말입니다. 그런 변화의 조짐을 확실하게 느끼면서 계속해서 대화 실력을 갈고닦다 보면, 당신의 매력이 빛을 발해서 언젠가는 부자가될 수 있을 것입니다.

A RICH MAN'S SPEECH

부드러운 말은
운을 불러들이는 최고의 마법

앞에서 '돈은 반드시 사람이 운반한다'는 이야기를 했습니다. 이처럼 부자가 되기 위해서 원만한 인간관계는 필수 조건이지요.

자, 그렇다면 원만한 인간관계를 맺으려면 어떻게 해야 할까요? '말하는 기술'을 갈고닦으면 됩니다! 히토리 씨는 저에게 '인간관계는 결국 말을 주고받음으로써 만들어진다'는 사실을 가르쳐 주었습니다. 또 사람들에게 사랑받는 사람은 사랑받을 만한 말을 하니, 그 사람을 잘 관찰하라고 했습니다.

그 말을 듣고 곧바로 많은 사람에게 사랑받는 사람을 유심히 관찰했더니, 역시 매력적인 말을 하고 있었습니다. 그는 청소하는 아주머니를 보면 항상 "감사합니다"라고 먼저 인사합니다. 도로에서 공사하는 아저씨를 봐도 "수고하십니다. 감사해요"라고 격려의 인사를 건넵니다. 또 저를 만날 때마다 "마유미 씨의 미소는 보는 사람의 마음을 밝게 해 줘요. 마유미 씨를 만날 수 있어서 정말 행복해요"라고 눈물이 날 정도로 따뜻한 말을 건네고는 합니다. 이렇듯 그는 언제나 모든 사람에게 사랑이 가득 담긴 상냥한 말을 해 줍니다.

누군지 감이 잡히셨습니까? 그렇습니다. 제가 관찰한 사람은 바로 히토리 씨입니다. 한 번이라도 그의 이야기를 직접 들으려고 전국에서 수많은 팬이 모이는 이유는 그가 하는 말에 매력이 있기 때문입니다. 그런 히토리 씨가 부자가 된 것은 어쩌면 당연한 결과일지도 모릅니다.

'말'은 그 사람의 인격을 고스란히 드러냅니다. 상대에게 상처를 줄 말을 하고서는 "미안, 지금 그 말은 못 들은 걸로 해줘"라고 한들 이미 뱉어 버린 말을 주워 담을 수는 없습니다. 그럴 의도는 없었다고 해도 다른 사람에게 상처가 될 만한 말을 하고 난 뒤에 '나도 모르게 그런 말이 나왔다'면서 쉽게 넘어가려 해서는 안 됩니다. 사실 상대에 대한 배려가 없기 때문에 그런 말이 나온 것이지요.

어떤 말을 하느냐에 따라서 인간관계가 잘 풀릴 수도, 관계를 망칠 수도 있습니다. 그렇기 때문에 어떻게 말하느냐가 중요합니다.

말을 매력적으로 하면 곧바로 운세가 좋아집니다. 당신이 지금이라도 '말이 자신의 운세를 좌우한다'는 사실을 깨달았다면, 당신은 운이 좋은 사람입니다.

히토리 씨가 권하는 매력적인 말은 다음과 같습니다.

- 사랑이 담긴 밝은 말
- 모두가 기분 좋아질 만한 말
- 은근한 배려가 담겨 있는 말
- 자기도 모르게 웃음이 튀어나올 만한 유머러스한 말
- 남에게 "그래, 해 보는 거야!" 하는 의욕을 줄 만한 말
- 강요하지 않으면서도 명쾌하고 듣기 좋은 말

이런 말을 자주 하면 사람들에게 사랑받고 돈도 따를 것이 분명합니다. 좋은 말은 돈 한 푼 들이지 않고도 할 수 있는 최고의 선물입니다. 이제부터라도 주위 사람들에게 최고의 선물을 나누어 주시기 바랍니다.

알아듣기 쉽게 말하는 것은
상대에 대한 애정이다

저는 히토리 씨가 사람들 앞에서 말하는 모습을 볼 때마다 대단하다고 느끼곤 합니다. 그 이유는 그가 항상 어휘력이 부족한 어린아이도 알아들을 수 있을 정도로 쉽게 이야기하기 때문입니다.

저는 이거야말로 듣는 이에 대한 최고의 애정이자 배려라고 생각합니다. 왜냐하면 어려운 말을 섞어가며 이야기할 때보다 누구나 알아들을 만한 쉬운 단어로 이야기하려고 할 때, 훨씬 더 많은 노력이 필요하기 때문입니다. 그래서 대화법 하나로 부자가 될 수 있는 것입니다.

자기가 편한 대로만 말하지 않고 상대방을 배려하면서 말할 수 있는 사람은 분명히 일로도 성공하고, 주위 사람들의 호감도 얻게 됩니다. 그러면 사람들이 절대로 그 사람을 혼자 내버려 두지 않을 겁니다. 자기가 먼저 나서지 않아도 주위에서 자연스럽게 대우해주기 때문에 그 사람은 필연적으로 부자가 될 수밖에 없습니다.

대화할 때 항상 최고의 애정을 가지고 '이렇게 말하면 아직 모르는 단어가 많은 어린아이도 알아들을 수 있을까?'를 생각하면서 이야기해 보시기 바랍니다.

대화하기 전에 부모 입장에서 아이에게 설명한다고 생각하고 말하는 습관을 들여 보면 어떨까요? 부모가 자식을 생각하는 마음으로 말입니다. 부모는 자식에게 무언가를 가르칠 때 최대한 아이가 알아들을 수 있도록 쉽게 말합니다. 그런 배려의 마음이야말로 대가를 바라지 않는 최고의 사랑입니다.

이처럼 애정이 넘치는 대화 방식을 싫어할 사람은 없지 않을까요?

다른 사람을 기쁘게 해 주는 것
또한 하나의 투자다

회사원은 회사에서 손님에게 차를 내주거나 복사를 하고 서류를 작성하는 등 온종일 바쁘게 일하기 때문에 월급을 받을 수 있습니다. 제빵사는 아침 일찍부터 맛있는 빵을 굽고, 더 맛 좋은 빵을 연구해서 손님들에게 제공합니다. 그리고 손님들이 기쁜 마음으로 그 빵을 사기 때문에 돈을 받을 수 있지요.

돈을 버는 일은 사람들을 기쁘게 하는 일과 연결되어 있습니다. 즉, 돈은 사람들을 기쁘게 해 준 데 대한 '보상'인 셈입니다.

그렇다면 이제부터라도 대화를 통해서 사람들을 즐겁게 해 주면 어떨까요?

"근사한 양복이네요!"

"오늘도 웃는 얼굴이 멋져요!"

"요즘 더 예뻐진 것 같은데요?"

이런 식으로 다른 사람의 기분을 밝게 해 주고, 남들이 기뻐할 만한 말을 하는 당신을 보면 신께서도 가만히 있지는 않을 것입니다. 당신이 전업주부라면 남편의 미소가 늘면서 월급이 오르고, 회사원이라면 출세하고, 자영업자라면 손님이 많아지고 수입이 늘 수 있겠지요. 즐거운 보상이 반드시 따르게 되어 있습니다.

대화는 신께서 인간에게만 허락하신 훌륭한 능력입니다. 그 능력을 사용해서 사람들을 행복하게 해 주면, 하늘에서도 '열심히 잘 살고 있군' 하면서 당신에게 상을 내려 주실 겁니다.

신은 이 세상의 온갖 것들을 만들어 내신 분입니다. 그런 신에게 당신을 억만장자로 만드는 일 따위는 식은 죽 먹기가 아닐까요?

A RICH MAN'S SPEECH

모든 사람을 칭찬하면
아부가 아니다

다른 사람을 칭찬하면 '아부를 떤다'며 곱지 않은 시선을 보내는 사람이 있습니다. 아부는 자신보다 높은 위치에 있는 사람 등 환심을 얻으면 어떤 이득을 볼 만한 사람만 칭찬하는 행동을 말합니다. 그래서 알랑거린다거나 비위를 맞춘다고 하는 것이겠지요.

　그런데 모두를 똑같이 칭찬하면 어떨까요? 예를 들어 회사 상사에게는 "부장님, 오늘도 멋지시네요"라고 말하며 비위를 맞추면서 부하 직원에게는 "그 일 빨리 처리 안 할래?" 혹은 "왜 그런 것도 못 하는 거야?"라고 화를 내고 무시한다면 상당히 밉살스러운 사람이겠지요. 그런 사람은 아부쟁이 라는 말을 들어 마땅합니다.

그런데 상사에게 "부장님, 오늘도 멋지시네요"라고 말하고, 부하 직원에게도 "오늘도 힘내서 일하자!"라고 말한다면 어떨까요? 누구에게나 항상 좋은 말을 하는 사람은 모두를 기분 좋게 만들어 주는 멋진 사람이겠지요. 누구도 그런 사람을 싫어할 이유는 없을 것입니다.

그러다 보면 스카우트되어서 좋은 부서로 이동해 월급이 오르거나 다른 곳에서 온 임원의 눈에 들어서 신데렐라 이 야기의 주인공이 될지도 모르지요.

어떤 좋은 형태로 부자가 될지는 알 수 없지만, 사람들에게 호감을 사는 말을 하는 일이 당연한 사람이 되었을 때, 나쁜 일이 생길 가능성은 전혀 없다고 말해도 과언이 아닐 것입니다.

행운이 생기는
목소리 톤이란?

제 친구 중에는 전화의 첫마디가 항상 어두운 친구가 있습
니다.

"내 얘기 좀 들어줄래? 지난번에 잃어버렸던 지갑이 말이
야…….↘"

"있잖아, 저번에 내 남자친구가…….↘"

이런 전화를 받으면 뭔가 큰일이 난 것 같아서 긴장하게
됩니다. 그런데 이야기를 계속 듣다 보면 잃어버렸던 지갑
을 찾았다거나 남자친구에게 프러포즈를 받았다는 등 좋은
이야기일 때가 많습니다.

이야기를 끝까지 듣고 나면 왠지 괘씸해서 저도 모르게 "야, 좋은 이야기면 좋은 이야기답게 말하라고! 괜히 걱정했잖아" 하고 화를 내게 됩니다. 물론 말투가 항상 이런 식이어서 그렇지 특별히 악의는 없다고 생각합니다. 하지만 저로서는 상당히 당혹스러울 때가 많습니다.

상대방을 당황하게 하지 않으려면 대화의 첫마디는 가능한 한 밝게 하는 것이 좋습니다. 특히 전화할 때는 상대방 표정이 보이지 않기 때문에 첫마디가 더욱 중요합니다.

평상시에는 물론이고 일 때문에 전화하는 경우에도 만난 적이 있는 사람이든 신규 거래처 직원이든 당신이 얼마나 멋진 사람인지 판단할 기준이라고는 목소리밖에 없습니다. 따라서 상대방에게 좋은 인상을 주려면 밝고 시원시원하게 말해야 합니다.

음악 치료란 것이 존재할 만큼 소리는 우리에게 매우 중요합니다. 음악으로 치유받는 사람도 많지요. 음악을 듣기만 해도 우울했던 기분이 풀리기도 합니다.

이처럼 말을 할 때도 목소리 높이가 상당히 중요합니다. 말을 할 때 도레미파솔라시도의 '솔'을 의식해 보시기 바랍니다. 전화를 받을 때도 '솔' 높이로 받으면 좋습니다. 상대방 기분이 밝아지기 때문입니다. 또 사람들이 당신 목소리만 들어도 느낌이 좋은 사람이라고 생각할 것입니다. 밝은 목소리 톤만으로도 다른 사람의 마음을 환하게 밝힐 수 있습니다.

보상은 크기에 상관없이
기쁘게 받자

당신이 이 책에 나온 내용을 한 가지라도 실천하다 보면, 어떤 긍정적인 사인이 반드시 나타날 것입니다. 그 사인을 제대로 알아채시기 바랍니다.

종종 "글쎄요. 저에게는 아무런 변화도 없는데요?"라고 말하는 사람도 있습니다. 저는 오히려 그 사람에게 정말로 그렇냐고 되묻고 싶습니다.

예를 들어 "당신과 이야기를 나누면 즐거워요"라고 주위 사람에게 칭찬을 들었거나, 부부싸움이 줄었거나, 친구가 늘었거나, 월급이 5만 원, 아르바이트 시급이 천 원 올랐을 수도 있습니다.

당신에게 도착한 보상에 민감해지시기 바랍니다. 아무리 작은 상이라도 상을 받았다면 당신이 부자가 되기 위한 계단을 한 계단 올라갔다는 신호입니다. 그런데 그 신호를 제대로 눈치채지 못하는 사람의 특징은 '나한테는 아무 변화도 없다'면서 결국 모든 노력을 그만두고 만다는 것입니다.

그리고 무엇보다 안타까운 일은 지나치게 둔감한 사람에게는 정말로 보상이 오지 않게 된다는 사실이지요. 신께서 '선물을 보냈는데도 눈치채지 못하는 데다가, 아무런 변화도 없다고 불평까지 하다니. 선물을 주는 보람이 없는 인간이군' 하고 실망하면 어떻게 될까요? 다음부터는 정말로 선물을 받지 못하게 되겠지요.

작은 사인도 놓치지 말고 감사히 받아들이면서 열심히 살다 보면 어느새 손님이 늘거나, 수입이 늘거나, 출세하거나, 멋진 사람과 만나는 등 어떤 형태로든 부자가 되어 있을 겁니다. 지금 일어나고 있는 작은 변화에 감사하는 마음을 가지시기 바랍니다.

돈은 열심히 모으려 하지 않는 사람에게는 모이지 않습니다.

오늘부터 시작하기로 마음먹었다면,

당신은 이미 부자입니다.

제3장:

사람들을 내 편으로
만들지 못하면 의미가 없다

A RICH MAN'S SPEECH

A RICH MAN'S SPEECH

말을 잘하려고
전전긍긍하지 마라

지금은 몇백 명이나 되는 청중 앞에서 이야기할 기회가 많아진 저도 처음 히토리 씨에게 "앞으로 많은 청중 앞에서 이야기해야 해요"라는 말을 들었을 때는 당장 도망치고 싶었습니다. 대여섯 명 앞에만 서도 긴장하는 성격이었기 때문이지요.

솔직히 말하면 지금도 사람들 앞에서 말하는 것을 좋아하지는 않습니다. 안 믿으실지 몰라도 정말 그렇습니다. 저는 히토리 씨처럼 말을 잘하지도 못하고, 사람들의 마음을 순식간에 편하게 해 주지도 못합니다.

그럴듯한 말을 준비해서 멋지게 강연을 하려고 열성을 다하면 오히려 머릿속이 새하얘집니다. 잘해 보려고 하면 할수록 남들 눈에도 긴장한 티가 날 정도로 떨어서 오히려 결과가 좋지 못했습니다. 이런 성격인 제가 말을 잘하려면 어떻게 해야 할까요?

저는 언젠가부터 발상을 전환해서 말을 잘하려는 생각을 버리기로 했습니다. '사람들이 이상하게 생각하면 어쩌지?', '이렇게 말하면 멋있어 보일까?' 하는 생각을 철저하게 버리고 가능한 평상시처럼 이야기하기로 했습니다.

아무리 말을 잘 못하는 사람이라도 편하게 말할 수 있는 상대가 한 명은 있을 것입니다. 가족이나 형제, 키우는 고양이라도 좋습니다. 그 상대와 이야기할 때처럼만 하면 누구든 자연스럽게 말할 수 있습니다.

'아키라메루(포기한다)'를 대화를 잘하기 위한 노력을 포기하는 것이 아니라 자기 자신을 '아키라카니(분명하게) 나카메루(바라본다)'라는 뜻으로 해석하면 어떨까요?

하지만 말은 쉬워도 익숙해지기 전까지는 사람들 앞에 서면 자기도 모르게 멋을 부리게 되겠지요. 저도 아직 조금 허세를 부리고 무게를 잡을 때가 있습니다. '멋있는 척'이라는 거품을 빼면 자기다운 말투로 말할 수 있게 됩니다. 그러면 비로소 이야기를 듣는 사람 마음에 자신이 전달하고자 하는 바가 제대로 전달될 수 있습니다. 이는 '멋있게 보여야지'라고 생각하면 절대로 불가능한 일입니다.

히토리 씨는 말을 할 때 매우 자연스럽습니다. 사용하는 단어와 말하는 어조 모두 평상시와 다를 바 없습니다. 그렇기 때문에 히토리 씨의 이야기는 우리 마음에 직접 와닿고, 그의 이야기를 들으면 누구나 감동을 하게 되는 것이지요.

참고로 여기서 '멋을 부린다'는 말은 유창하게 말해서 사람들에게 멋있게 보이고, 말을 잘하는 것처럼 보이려고 평상시에 사용하지 않는 단어를 억지로 집어넣는 것을 말합니다. 말을 할 때는 과장 없이 있는 그대로 하는 것이 가장 좋습니다.

A RICH MAN'S SPEECH

자신이 없어도
자신 있는 척을 해야 하는 이유

강연회를 마친 뒤에 이런 말을 들은 적이 있습니다.

"마유미 씨, 정말 대단하시네요. 많은 사람 앞에서 떨지 않고 당당하게 말을 할 수 있다니. 어떻게 하면 그런 자신감을 가질 수 있나요?"

절대 그렇지 않습니다. 앞에서도 말했지만 저는 지금도 사람들 앞에서 이야기할 때마다 긴장합니다. 자신감 따위는 눈곱만큼도 없습니다.

하지만 히토리 씨에게 배운 뒤 마음에 새기고 있는 말이 하나 있습니다. 그 말은 "자신만만한 척을 하라!"입니다.

예전에 강연을 앞두고 긴장해서 완전히 얼어 있는 저에게 히토리 씨가 이런 말을 해 준 적이 있습니다.

"마유미 씨, 잘 들어요. 사람들 앞에서 말하는 것이나 장사를 잘하는 것이나 성공의 비결은 딱 하나예요. 속으로는 아무리 자신이 없어도 자신만만한 척을 하는 것이지요. 다른 사람이 봤을 때 자신 있는 것처럼 보이면 됩니다. 자신감 있는 척하면서 말하는 횟수를 늘려 가다 보면, 말이란 건 점점 잘하게 되어 있어요. 그러면 자연스레 자신감도 붙게 되지요.

만약에 마유미 씨가 수술을 받게 되었는데, 의사 선생님이 엄청나게 고민하는 얼굴로 '자신은 없지만 한번 해 보겠다'는 식으로 말하면 어떨 것 같아요? 절대로 그 선생님한테 수술을 받고 싶지 않겠죠? 수술이고 뭐고 당장 도망치고 싶을 거예요.

말도 마찬가지랍니다. 자신 없어 보이는 사람의 이야기를 듣고 싶어 할 사람은 없어요. 그렇다고 꼭 말을 유창하게 하라는 건 아니에요. 보기에 자신 있어 보이면 되는 거니까요. 장사할 때도 자신 없는 태도로 물건을 팔면 정말 좋은 물건도 별 볼 일 없는 물건처럼 보이잖아요?

자신감 있어 보이게 행동하는 건 말이죠, 자기 이야기를

들어 주는 사람이나 자기 가게를 선택해 준 손님, 자기를 만
나러 와 준 사람에 대한 아주 중요한 애정 표현이에요."

　자신이 없더라도 남들 눈에 자신 있어 보이면 100점 만
점에 100점입니다. 하지만 너무 욕심을 내서는 안 됩니다.
처음에는 그저 생글생글 웃고만 있어도 됩니다. 살짝 또랑
또랑한 목소리를 내는 것도 괜찮습니다. 즐기면서 자신만만
한 태도를 보여 주세요.

A RICH MAN'S SPEECH

웃기려 애쓰기 전에
웃는 것부터

히토리 씨의 이야기에는 반드시 유머가 들어 있습니다. 그는 항상 누구도 상처받지 않고 모두가 함께 웃을 수 있는 즐거운 이야기를 들려 주지요. 긴장감이 흐르다가도 그의 유머 한 번이면 분위기가 쉽게 누그러집니다.

신기하게도 웃으면 표정이 부드러워지면서 동시에 딱딱하게 굳어 있던 마음마저 풀립니다. 그래서 다른 사람이 하는 이야기가 마음속으로 자연스럽게 들어오지요. 그걸 아무렇지 않게 소화해내는 히토리 씨를 보고 있노라면 정말 대단하다는 생각이 들고 존경스럽기까지 합니다.

유머는 아주 중요합니다. 하지만 쉽게 익힐 수가 없지요. 특히 대화 속에 가벼운 유머를 섞는 일은 아무나 못 합니다.

제가 할 수 있는 유머라고는 기껏해야 아재 개그나 가벼운 말장난 정도입니다. 저처럼 유머에 자신이 없다면 억지로 웃기려고 하다가 썰렁한 분위기를 만들 것이 아니라 일단은 그냥 평범하게 이야기하는 편이 낫습니다. 그리고 무엇보다 가장 손쉬운 일은 누군가 재밌는 이야기를 했을 때 당신이 실컷 웃어 주는 것입니다. 당신의 웃는 얼굴과 웃음소리가 말하는 이에게는 최고의 유머입니다.

최악이라고 생각한 일이 때로는
최고의 대화 소재가 된다

유머러스해지는 일은 절대 쉽지 않습니다. 그런데 재밌는 이야기를 할 수 있는 쉬운 방법은 있습니다. 놀랍게도 일상에서 일어난 최악이라고 생각되는 일이나 실패담이 그 기회를 제공합니다. 당신이 최악이라고 생각하는 일은 사실 최고의 이야깃거리가 될 수 있습니다.

제가 아주 좋아하는 친구 중에 최악의 경험을 최고의 이야깃거리로 바꾸는 데 도가 튼 사람이 있습니다. 바로 오가타 사치히로 사장인데, 저는 그를 '오가'라고 부릅니다.

한번은 그가 자신이 지방 호텔에 머물렀을 때 일어났던

일을 들려 주었습니다. 그는 술을 마시러 나가면서 열쇠를 프런트에 맡겼다고 합니다. 호텔 이름과 방 번호가 적힌 열쇠를 잃어버리면 곤란할 것 같아서 그렇게 했겠지요.

호텔 직원이 몇 시쯤 돌아올 거냐고 묻기에 "밤 12시 전에는 돌아오겠다"고 답한 뒤 나갔다고 합니다. 그리고 친구와 술을 마시다가 예정보다 조금 이른 11시 반쯤 호텔에 돌아왔습니다. 그런데 호텔 직원의 모습이 안 보여서 프런트 데스크를 살피러 간 오가는 깜짝 놀라고 말았습니다. 오가의 방 열쇠가 프런트 위에 버젓이 놓여 있었던 것입니다. '오가타 님, 열쇠 여기 있습니다'라는 쪽지와 함께 말이죠.

오가는 웃으면서 이렇게 말했습니다. "난 호텔 직원한테 타인을 믿는 마음을 배웠어. 그런 시골에는 남의 방에 몰래 들어가서 물건을 훔칠 만한 나쁜 사람이 없는 거지. 내 마음이 물질주의에 찌들었었나 봐. 난 아직 멀었어."

이 이야기를 들은 저는 배꼽이 빠지도록 웃었습니다. 이제 아시겠습니까? 보통 사람 같으면 "방 번호까지 적혀 있는 열쇠를 프런트에 두고 가다니. 도난 사고라도 났으면 어쩌려고 말이야!"라며 화를 내지 않았을까요?

만약 오가가 그렇게 쉽게 화를 내는 사람이었다면, 저는 그와 친구로 지내지 않았을 겁니다. 오가는 누군가 기분 나

뻘 만한 일을 겪어도 금세 아주 재미있는 이야기로 각색해서 들려 줍니다. 그래서 저는 그 친구를 아주 좋아합니다. 정말 멋진 사람이라고 생각하고, 진심으로 존경하고 있습니다. 그런 사람이기 때문에 누구에게나 인기 있는 것도 당연합니다.

이처럼 똑같은 경험을 하더라도 재미있는 이야깃거리로 삼는 사람이 있고, 어이없고 화가 났던 일로만 기억하는 사람이 있습니다. 제 친구 오가처럼 모든 일을 웃음의 소재로 삼을 줄 아는 사람은 최악의 일이 생긴 순간에도 그 경험을 머릿속에서 딸가당딸가당하고 재미있는 이야기로 바꿉니다. 누군가에게 들려줘서 재미있게 해 줘야겠다는 생각이 최악의 사건도 즐거운 일로 만드는 것이지요. 그러면 스스로 '내 인생에는 기분 나쁜 일이 일어나지 않는다'고 생각하게 됩니다.

즐거운 이야기를 할 줄 아는 사람은 함께 있는 이들을 즐겁게 해 주기 때문에 누구에게나 사랑받습니다. 하지만 어이없고 화났던 경험담을 늘어놓는 데에만 익숙한 사람은 "그 호텔은 정말 말도 안 되는 호텔이야!", "그런 서비스를 하다니 어이가 없네!" 하면서 불평불만을 계속해서 쏟아내고, 푸념을 입에 달고 살 것입니다. 그런데 그렇게 항상 구

시렁거리며 불평만 하다 보면 결국 재미없고 매력 없는 사람이 되고 맙니다.

어느 텔레비전 토크쇼는 개그맨 출연자들이 자신에게 일어난 실패담이나 최악의 사건을 자기 나름의 재미있는 시선으로 해석해서 들려주는 형식으로 진행되는데, 이 점 때문에 인기를 얻었습니다. 그중 한 개그맨은 자신이 중학교 시절에 공원에서 생활하며 종이상자를 뜯어먹을 정도로 가난했던 이야기를 유쾌하게 풀어놓은 책을 출간했는데, 그 책이 베스트셀러가 되고 영화화되기까지 했습니다.

유머러스한 이야기를 하려면 우선 한 가지 습관이 갖추어져 있어야 합니다. 그것은 바로 '항상 즐겁게 생각하는 것'입니다. 화를 자주 내는 사람은 항상 뭔가 화낼 거리가 없는지 눈에 불을 켜고 찾아다닙니다. 이와 반대로 즐거운 일을 생각하는 버릇을 들이면 재미있는 변환 스위치를 켜서 자신에게 일어난 모든 일을 즐거운 이야기로 바꿀 수 있게 됩니다. 끈기 있게 계속하시기 바랍니다. 그러는 사이에 당신은 사람들에게 '말을 재미있게 하는 즐거운 사람'이라는 인상을 주게 될 것이고, 틀림없이 인기도 많아질 겁니다.

말은 메아리처럼
돌아온다

말은 메아리와 같습니다. 당신이 무엇인가 말을 하면 그 말이 다시 돌아오기 때문입니다. 게다가 더 커져서 돌아오기 때문에 어떤 말을 하느냐는 굉장히 중요합니다.

좋은 말을 하면 더 좋은 말이 메아리가 되어 돌아오기 때문에 반드시 부자가 됩니다. 그런데 당신이 아직 부자가 되지 못했다면 뭔가 좋지 못한 말을 하고 있다는 뜻입니다.

'그럴 리가 없어. 난 항상 좋은 말만 하는걸?'이라고 생각하는 사람은 목에 녹음기를 매달고 하루 동안 녹음을 해 보시기 바랍니다. 나중에 들어 보면 분명히 놀랄 겁니다. "아,

진짜 질린다", "웃기고 있네", "재미없어"라는 말을 자기도 모르게 하고 있거나, 습관처럼 "휴……"하며 한숨을 내쉬고 있을지도 모릅니다. 어쩌면 자신도 깜짝 놀랄 만큼 부정적인 말을 많이 하고 있을지도 모르지요.

하지만 그 사실을 깨달았다면 이제 괜찮습니다. 누구나 자기도 모르게 약한 소리를 하거나 부정적인 말을 할 때가 있지요. 그럴 때는 그 사실을 깨닫자마자 어미만 바꿔보시기 바랍니다. 마지막 말에 긍정적인 말을 덧붙이는 겁니다.

"'정말 짜증 난다……'고 생각했지만 괜찮아!"

"'이게 무슨 말도 안 되는 소리야?'라고 생각했지만 용서해야지!"

"'지루해 죽겠다……'고 생각했지만 이제 재밌어졌어."

"휴……(깊은 한숨). 행복해!"

어떻습니까? 이처럼 쉽게 부정적인 말을 긍정적인 말로 바꿀 수 있습니다.

물론 나쁜 말은 아예 하지 않는 것이 가장 좋습니다. 하지만 당신이 평소에 안 좋은 말을 자주 했다면, 그 습관을 한 번에 바꾸기는 쉽지 않을 겁니다. 조금씩이라도 긍정적인 말로 바꾸는 연습을 해 보시기 바랍니다. 단계적으로 나쁜 말, 어두운 말이 줄어들 테니까요. 나쁜 말이 줄어듦과 동시에 당신 주위 사람들의 태도나 반응 또한 분명히 좋은 방향으로 바뀌어 갈 것입니다.

그 말을 듣는 사람은 물론이고, 말하는 본인까지 밝고 행복한 기분을 느끼게 하는 말은 천국의 말입니다. 반대로 절대로 써서는 안 되는 것이 가난의 신을 불러들이는 지옥의 말이지요. 천국의 말과 지옥의 말은 다음과 같습니다.

천국의 말	지옥의 말
사랑합니다	투덜거림
운이 좋네	운도 없지
기뻐요, 즐거워요	우는소리
행복해요	걱정
고마워요	불평불만
용서할게요	용서할 수 없어
멋져요, 예뻐요	험담
맛있어요	푸념

이제부터는 말하는 것만으로도 행복한 기분이 들게 하는 좋은 말을 많이 하시길 바랍니다. 이 좋은 말은 반드시 '운'이라는 메아리가 되어 돌아와 당신을 부자로 만들어 줄 것입니다.

말이 길어질수록
듣는 사람은 줄어든다

결혼식에 갔다가 "오늘 날씨가 화창한 걸 보니 신랑 신부가 앞으로 운수 대통할 기운이 느껴집니다. (생략) 앞으로의 결혼생활에 다사다난한 사건들이 있을지도 모르지만, 상호 원만하게 지내면서 각자 좋은 사람이 되기 위해 매일 정진해 주시기 바랍니다"라는 주례사를 들었다고 해 봅시다. 우리는 이처럼 신랑 신부에게 보내는 축하 메시지에 어려운 한자어를 잔뜩 섞는 데다가 말까지 길게 하는 주례 선생님을 종종 보게 됩니다.

그런데 일상적인 대화를 할 때는 거의 사용하지 않는 한

자어를 섞어가며 이야기하면 사람들이 이해하지 못할 뿐 아니라 마음에 와닿지도 않습니다. 게다가 주례사가 너무 길면 점점 지루해져서 말씀하시는 분께는 죄송하지만, 빨리 끝났으면 하는 생각이 들 때가 있습니다. 아마 여러분도 그런 경험이 있을 겁니다.

히토리 씨는 항상 이렇게 말합니다.

"말은 짧게만 해도 100점입니다. 건배사를 한답시고 맥주에 거품이 다 빠지고 미적지근해질 때까지 떠들면 안 되겠지요. 말을 잘하는 사람은 짧게 말하면서도 전하고자 하는 메시지를 분명히 전달합니다. '지금 필요한 요점을 이야기하자'라거나, '상대방이 알아듣게 제대로 전달하자'는 생각은 듣는 사람에 대한 애정에서 나옵니다.

그렇기 때문에 말은 일단 짧게만 해도 100점이지요. 질질 끌면서 길게 말하는 것은 박하게 점수를 매기자면 마이너스 100만 점입니다."

저도 이 말에 공감합니다. 청중의 마음을 사로잡고, 말을 잘한다고 느끼게 하는 사람은 짧게 말할 뿐 아니라 우리가 평소에 사용하는 단어로 알아듣기 쉽게 말합니다.

히토리 씨는 이어서 저에게 다음과 같은 이야기도 들려주었습니다.

"말은 짧게만 해도 100점이라고 하기는 했지만, 긴 이야기에도 훌륭한 가르침이 있어요. 마유미 씨, 그거 알아요? 교장 선생님은 정말 대단한 사람이라는 사실 말이에요. 우리 인생에 꼭 필요한 '인내심'을 가르쳐 주시거든요. 교장 선생님은 조회 때 운동장에서 휙휙 쓰러지는 학생들이 있어도 준비한 훈화 말씀을 멈추지 않잖아요? 정말 대단하지 않아요?

거기에는 깊은 뜻이 있어요. 아무리 긴 이야기도 인내심을 가지고 들을 줄 알아야 한다는 사실을 학생들에게 가르쳐주기 위한 교장 선생님의 큰 그림인 거죠. 사회에 나가서 다양한 일을 접하다 보면, 교장 선생님이 가르쳐 주신 인내심만큼 도움이 되는 것도 찾기 어렵다니까요? 역시 교장 선생님은 달라요."

저는 히토리 씨의 말을 듣고 그만 박장대소를 하고 말았습니다. 물론 이 이야기는 '말을 어떻게 전달해야 하는가'를 이야기하던 중에 나온 하나의 예일 뿐입니다. 농담 삼아 한 말이니 부디 교장 선생님이 오해하지 않으셨으면 좋겠습니다. 그분들이 학생들의 인생에 도움이 될 만한 이야기를 들려주시기 위해서 밤낮으로 최선을 다하신다는 사실은 저도 잘 알고 있습니다.

이런 식의 농담으로 히토리 씨는 우리를 웃게 하지만, 사실 어떤 일이든지 배울 점이 있다는 것을 알 수 있습니다. 중요한 것은 '어떻게 받아들이느냐'이지요.

긍정적으로 받아들이면 모든 일이 즐거운 배움의 기회가 될 수 있습니다. 긴 이야기를 들을 때도 인내력을 기르는 훈련을 한다고 생각하면 분명 도움이 될 겁니다. 어려운 말로 가득한 연설도 한자 공부라고 생각하면 도움이 되는 부분이 있겠지요. 하지만 본인이 이야기할 때는 '짧고 알기 쉽게' 해야 한다는 사실을 명심하시기 바랍니다.

말 잘하는 사람을
따라 하지 마라

우리가 흔히 하기 쉬운 실수는 말을 잘하는 사람을 흉내 내려다가 제풀에 기가 죽는 것입니다. 물론 좋은 멘트나 멋지다고 생각하는 대화 방식을 흉내 내 보는 것은 추천할 만한 방법입니다. 하지만 말주변이 없는 사람이 갑자기 말 잘하기로 정평이 난 사람을 흉내 내봤자 대부분은 실패하게 되어 있습니다. 한번 실패의 쓴맛을 보고 나면 괜스레 더 기가 죽고 자신감을 잃게 마련이지요.

모처럼 이 책을 읽고 말을 잘하고 싶다는 생각에 열성을 다했는데, 하필 타고나기를 말을 잘하게 태어난 사람과 비교해서 기가 죽고 스스로 의욕을 꺾을 필요는 없지 않을까요? 기가 죽으려고 이 책을 읽고 있는 게 아니니 말입니다.

게다가 누군가를 흉내 낸다고 해서 그 사람이 될 수는 없습니다. 애초에 그 사람이 될 필요도 없지요. 당신은 '당신'입니다. 제가 아무리 히토리 씨의 열혈 팬이고 그의 대화방식을 좋아한다고는 하지만, 어느 날 갑자기 히토리 씨의 대화 방식을 흉내 내기 시작하면 틀림없이 사람들이 '왜 저러지? 이상하네' 하고 의아해할 것입니다.

당신 역시 당신 그대로의 모습일 때 가장 보기 좋습니다. 그래도 정 비교를 해야겠다면 말을 잘하는 사람과 비교할 것이 아니라 멋지다고 생각하는 대화법을 자기식으로 활용해 보시기 바랍니다.

A RICH MAN'S SPEECH

분위기를 띄우고 싶은데
할 말이 떠오르지 않는다면

저는 '말을 잘하고 싶은데, 어떻게 하면 되느냐'는 상담을 요청받을 때가 많습니다. 그럴 때 어떤 식으로 잘하고 싶으냐고 물어보면, '대화 도중에 말이 끊겨서 침묵이 생기지 않도록 말수를 늘리고 싶다'고 대답하는 사람이 있습니다.

하지만 잘 생각해 보시기 바랍니다. 그다지 즐겁지도 않은 이야기를 주저리주저리 늘어놓는다고 해서 과연 사람들이 좋아할까요?

제 생각에는 재미없는 이야기를 끊임없이 늘어놓는 사람과 있을 바에야 차라리 말 없는 사람과 있는 편이 훨씬 더 편할 것 같습니다. 말을 잘하는 것과 말수를 늘리는 것은 별개의 문제입니다.

평소에는 말이 별로 없지만, 한마디 말에 무게감이 있고 근사한 느낌을 주는 사람도 있습니다. 한 시간에 두세 마디밖에 하지 않지만 함께 있으면 즐겁고 왠지 모를 존재감이 뿜어져 나오는 사람도 있지요. 한 사람 한 사람 얼굴과 성격이 다른 것처럼 말하는 방식도 각각 다른 것이 당연합니다.

말수를 늘리기보다 '함께 있는 사람을 기분 좋게 해 줄 방법이 있을까?', '이 사람이 즐거워할 만한 것이 뭐가 있을까?' 하면서 그 자리를 즐겁게 만드는 일이 무엇인지부터 생각해 보시기 바랍니다. 그러다 보면 누군가 말을 할 때 웃는 얼굴로 들어 주거나 "그렇구나!", "대단하다!" 하면서 맞장구를 쳐 주거나 소리 내어 웃어 주는 등 즐거운 분위기를 조성할 방법이 얼마든지 떠오를 것입니다.

말을 잘하려고 하기보다는 그 자리를 즐겁게 만들려는 노력을 해 보시기 바랍니다.

A RICH MAN'S SPEECH

가끔은 에둘러 말해야
잘 전달되는 이유

좋은 이야기를 듣고 감동을 받은 나머지 가까운 사람에게
그 뜨거운 감정을 식히지 않은 채 그대로 내던지는 경우가
있습니다. 어디선가 아주 좋은 이야기를 듣고 감동을 받아
서 가족이나 친구, 동료 등 가까운 사람이 그것과 반대되는
말을 하면 "그런 사고방식은 잘못됐어요!"라는 식으로 지적
을 해 본 사람도 있을 것입니다.

저는 사장이 된 지 얼마 안 되었을 때 히토리 씨에게 좋은
이야기를 들으면 그 감동을 그대로 전력투구라도 할 기세로
직원들에게 전하고는 했습니다. 그랬더니 갑자기 "사장님,

죄송합니다. 저는 그렇게까지 사장님의 기대에 부응할 수가 없어요"라면서 회사를 그만두는 직원이 하나둘 생겨났던 쓸쓸한 기억이 있습니다.

그 사람의 행복을 위한 일이라고 생각해 최선을 다해 좋은 얘기를 해 줄 요량이었는데, 결과가 좋지 못했지요. 그러고 보면 아무리 좋은 생각이라도 전달 방법이 잘못되면 아무 소용이 없는 것 같습니다. 강요를 당하는 느낌이 들면 누구든 기분이 나쁠 테니까요. 당시에 직원들은 사장인 제가 자신을 부정한 것 같은 생각이 들어서 마음이 상했을지도 모릅니다.

제가 정말 미숙했습니다. 그렇게 미숙한 사람이 자신의 생각을 강요하면 '당신한테 그런 소리까지 듣고 싶지 않은데?' 하는 생각이 들 거라는 사실을 뒤늦게 깨달았습니다. 아무리 좋은 것이라도 결코 강요해서는 안 됩니다. 저도 깊이 반성했습니다.

그 뒤로는 아무리 좋은 이야기를 들어도 조금 흥분을 가라앉히고 "나도 아직 부족하지만, 이런 식으로 하면 좋지 않을까요?"라고 조금 에둘러 말하게 되었습니다. 전달 방식을 바꾼 것이지요. 이렇게 하면 상대방의 마음에 훨씬 더 잘 전달됩니다.

아무리 맛있는 차라도 부글부글 끓는 뜨거운 물로 타 놓고 "맛있으니까 지금 당장 드세요"라면서 억지로 마시게 하면 상대방은 화상을 입고 말 것입니다. 마시기 좋은 적당한 온도가 되었을 때 대접해야 차의 참맛을 느낄 수 있습니다.

망설일 시간에
일단 행동해라

가끔 저에게 "'이런 말을 하면 상대방이 어떻게 생각할까?' 하는 걱정 때문에 좀처럼 제 생각을 말하지 못해서 고민이에요"라며 상담을 요청하는 사람들이 있습니다.

'지금 이 이야기를 꺼내면 분위기가 깨지지 않을까?'

'나는 감동했지만 이런 이야기로 흥분해서 떠들어대면 상대방이 지겨워하지 않을까?'

'혹시 강요하는 것처럼 느끼지는 않을까?'

이야기를 듣다 보면 그들의 머릿속에는 이런 부정적인 망상이 먹구름처럼 잔뜩 끼어 있는 것 같습니다.

하지만 당신이 이렇게 고민할 때, 상대방은 대개 아무 생각도 없다는 사실을 알고 계십니까? 분명히 당신이 걱정하는 것의 10분의 1도 생각하지 않고 있을 겁니다. 오른쪽 귀로 듣고, 왼쪽 귀로 흘려보내고 있을 가능성도 있습니다.

혼자서 생각을 지나치게 많이 하다 보면, 부정적인 망상에 사로잡혀서 결국 하고 싶은 말을 할 수 없게 됩니다. 예를 들어 자신이 사용해 보고 효과가 좋았던 건강 보조 식품이 있었다면 "이걸 먹었더니 피부에 윤기가 돌고 젊어졌다는 얘기도 많이 들어요" 하는 식으로 자신이 느낀 점을 솔직하고 담백하게 전달하면 됩니다.

그런데 '제품을 판매하려는 목적이 있다고 생각하면 어쩌지?' 하면서 혼자 부정적인 망상을 부풀리다 보면 '이런 이야기를 하면 강매하려는 줄 알고 앞으로 다시는 안 만나 줄지도 몰라' 하는 식으로 생각이 점점 안 좋은 쪽으로 기울게 마련입니다.

그래도 꼭 말해야겠다고 큰마음을 먹고 없는 용기를 쥐어짜서 한 말이 놀랄 만큼 어둡고 무겁다면 어떨까요? 그러면 상대방에게도 틀림없이 그 어둡고 무거운 공기가 전해져서 '뭔가 이상한 물건을 팔려는 건가?' 하고 오히려 경계심을 가질지도 모릅니다.

그러므로 긴장하면서 말할 것이 아니라 "저는 말이죠, 이 건강 보조 식품을 먹었더니 굉장히 좋던데요?" 하고 자신이 좋다고 생각한 점을 솔직하게 전하면 됩니다. 당신 말을 듣고 상대방도 그 상품이 궁금해지면 본인이 구매하겠지요. 그걸로 된 겁니다.

　당신이 추천한 물건을 상대방도 마음에 들어 하면 함께 기분이 좋아질 것입니다. 진짜 판매 목적으로 말을 할 때도 마찬가지입니다. 상품의 매력을 솔직하게 전달하는 편이 상대의 구매로 이어질 확률이 높습니다.

　공적으로나 사적으로나 부정적인 망상 때문에 자기 의견을 솔직하게 전달하지 못하는 일은 참으로 안타까운 일입니다. 좋아하는 사람이 있을 때도 '이런 말을 하면 싫어하겠지?' 하고 혼자 고민하면서 부정적인 망상만 부풀려서는 안 됩니다. 마음 놓고 솔직한 마음을 전하시기 바랍니다. 그래도 괜찮습니다.

왜 목소리 큰 사람이
이기는 걸까

'결국은 목소리 큰 사람이 이긴다'는 말싸움의 법칙을 아시나요? 얼마 전에 한국으로 여행을 갔을 때, 한국인 가이드에게 이런 말을 들었습니다.

"한국인은 자기 의견을 솔직하게 말하는 편이기 때문에 종종 의견 대립이 생기는 경우가 있어요. 그러면 마지막에 이기는 건 목소리 큰 사람이죠."

그때는 이 말을 듣고 그저 신나게 웃기 바빴는데, 생각해보니 이는 비단 한국인에게만 해당하는 이야기가 아닌 것 같습니다. 예를 들어 회의에서 어떤 발언을 할 때, 목소리가 크면 다른 사람들에게 잘 들리기 때문에 의견이 받아들여지기 쉽습니다. 반대로 목소리가 작으면 아무리 훌륭한 의견이라도 받아들여지기가 어렵지요.

평소에 대화할 때도 목소리가 작은 것보다는 큰 것이 좋습니다. 무작정 크기만 하면 된다는 말은 아니지만, 잘 들리도록 이야기하는 것은 듣는 사람에 대한 예의이자 배려이지요. 이런 배려가 없으면 우선 대화가 성립되지 않습니다.

어떤 사람은 잘 들리지 않는 모기 만한 목소리로 말해서 듣는 이로 하여금 "죄송한데 한 번 더 말씀해 주시겠어요?"라고 부탁을 하게 만듭니다. 하지만 다시 말해 줘도 또 들리지 않는 경우가 대부분입니다. 이런 일이 두세 번 반복되면 사실은 잘 안 들리지만 웃으면서 알아들은 척을 하게 되지요. 몇 번이나 되묻기는 왠지 미안해서 결국 다시 물어보지 못하게 됩니다.

말을 할 때는 작은 목소리로 소곤소곤 말하기보다는 상대방에게 잘 들리는 목소리 크기를 의식해서 말해야 본인에게도 좋습니다. 목소리가 작으면 자신감도 없어 보입니다. 자신이 없어 보여서 득이 될 만한 일은 눈 씻고 찾아봐도 없습니다. 자신에게 손해가 될 일을 일부러 할 필요는 없겠지요.

좀처럼 큰 목소리를 내지 못하겠다면, 우선은 대답만이라도 큰 목소리로 하는 연습을 해 보면 어떨까요? 먼저 활기 넘치게 "네!"라고 대답하겠다고 마음을 먹으면 점점 큰 목소리가 나오게 될 겁니다.

A RICH MAN'S SPEECH

모든 사람에게
착할 필요는 없다

무례한 말을 하는 사람에게는 제대로 반박할 줄도 알아야 합니다. 안타깝게도 이 세상에 좋은 사람만 존재하지는 않습니다. 그리고 성실하고 상냥한 사람일수록 남들에게 아무리 싫은 말을 들어도 꾹 참는 경우가 많은데, 절대로 참아서는 안 됩니다.

묵묵히 안 좋은 말을 들으며 견디다 보면 결국에는 샌드백처럼 두들겨 맞게 되니까요. '이 사람은 반박하지 않으니까 아무렇게나 말해도 되는구나' 하고 생각한 상대방에게 마구 두들겨 맞아서 상처투성이가 될 수도 있습니다.

반박하는 방법을 몰라서 참고 있다면 무슨 말이든 일단 해보시기 바랍니다.

"그렇게 말씀하시면 상처받아요."

"그런 짓궂은 말씀은 삼가 주세요."

"그런 말씀은 하지 말아 주세요. 정말 싫거든요. 성격이 안 좋으시네요."

이런 식으로 뭐든 좋으니 반박하는 겁니다. 당하고만 있어서는 안 됩니다. 타인에게 좋은 것을 받으면 그 사람에게 뭔가 갚아야 한다는 생각이 들게 마련입니다. 이와 마찬가지로 나쁜 말을 들으면 되돌려 주어야 합니다.

앞에서 이야기했듯이 평상시에는 좋은 사람을 연기한다고 해도, 정말로 질이 안 좋은 사람을 만났을 때는 의연하게 맞서야 합니다. 입을 다물고 그저 견디고만 있으면 점점 더 심한 말을 듣게 될 테니까요. 폭력을 당했을 때와 마찬가지입니다. 처음 맞았을 때 "아프니까 때리지 말아 줄래?"라고 하지 않으면, 다음에는 상대방에게 점점 더 심한 폭력을 당하게 됩니다.

좋은 사람은 항상 웃는 얼굴을 하고, 멋진 말을 하면서 열심히 삽니다. 안 좋은 일이 있어도 미소 짓고, 어떤 일이 일어나도 근사한 말을 하면서 힘을 내지요.

그런데 잘 생각해 보시길 바랍니다. 항상 그렇게 노력하는 사람이 진심으로 기분 나쁘다고 생각하는 누군가가 있다면 그 사람은 정말로 나쁜 사람인 겁니다. 그런 사람한테는 제대로 갚아 줘야 합니다. "너 진짜 성격이 나쁘구나?"라고 말해야 합니다. 그런 나쁜 녀석에게 웃는 얼굴로 좋은 말을 해 줄 필요가 없습니다.

제가 편을 들어줄 테니 걱정하지 말고 갚아 주세요. 계속 참으면 안 됩니다. 당신은 샌드백이 아니니까요.

작은 가시가 누군가에게는
대못이 되기도 한다

언젠가 만난 한 여성은 어려서부터 자신감이 없었다고 합니다. 하지만 그 여성은 화장도 잘하고 옷도 잘 입는 데다가 표정도 온화했고, 상당한 미인이기까지 했습니다. 제가 "정말요? 왜 그렇게 자신이 없었어요?"라고 이유를 묻자, 그녀는 이런 이야기를 들려주었습니다.

"초등학교 시절에 아버지에게 '네가 남자아이였으면 좋았을걸'이라는 말을 들었어요. 그 말이 계속 상처로 남았지요. 그래서 저는 보통 여자아이들처럼 예쁘게 하고 다니면 안 된다고 생각했어요. 그래서 학창시절에도 그렇고, 회사

원으로 일하기 시작하고 나서도 청바지에 티셔츠만 입고 다녔지요. 루이뷔통 같은 명품 가방을 들고 다니는 사람을 보면 경박한 물건을 들고 다닌다면서 경멸하기까지 했어요."

그런 그녀가 패션에 눈을 뜬 것은 '패션에 신경을 써야 합니다', '사람은 겉모습이 100퍼센트입니다'라는 히토리 씨의 가르침을 만난 덕분이라고 합니다. 30대가 되어서 겨우 '네가 남자아이였으면 좋았을걸'이라는 말의 속박에서 해방될 수 있었던 것이지요.

그녀는 신이 나서 "지금까지 꾸미는 데 돈을 쓰지 않았던 만큼 저축해 놓은 돈이 많았어요. 그 돈으로 좋아하는 루이뷔통 가방을 비롯해 제가 입고 싶은 옷을 마음껏 살 수 있어서 정말 행복해요!"라고 말했습니다.

말에는 엄청난 위력이 있습니다. 별생각 없이 한 말이라도 상대방의 마음에 몇 년씩이나 깊은 상처로 남기도 하니 말입니다. 어떤 말은 조그만 나사못도 아닌 대못처럼 마음에 깊숙이 박힙니다. 그러면 그 자리에서 움직이지 못하게 되고, 더는 앞으로 나아가지 못하게 되어서 인생이 그 자리에서 멈추고 맙니다.

사람마다 상처를 받는 포인트가 다르기 때문에 항상 말을 가리고 조심해야 합니다. 어쩌면 그녀의 아버지도 결코 나쁜 의도는 없었을지도 모릅니다. '너처럼 활발한 아이가 남자아이였으면 더 좋았을 걸……' 하는 뜻으로 한 말이었을지도 모르지요. 하지만 그녀에게는 여성으로서 자기답게 살 권리를 봉인하는 대못이 되었습니다.

마음에 꽂혀 버린 못은 본인만이 뽑을 수 있습니다. 못을 뽑아내려면 그 못의 정체를 스스로 꿰뚫어 보아야 합니다. 그런 점에서 히토리 씨의 가르침은 참 신기합니다. 그에게 가르침을 받다 보면 '아, 그렇구나', '맞아, 맞아' 하는 사이에 원래는 대못이라고 생각했던 자기 마음속 상처가 사실은 작디작은 가시였다는 사실을 깨닫게 되니 말입니다. 그러면 그 가시를 아주 손쉽게 뽑아낼 수 있습니다.

마음의 작은 가시를 뽑아내면 그 자리에서 한 발짝도 떼지 못하던 상태에서 해방되어 뭐든지 할 수 있게 됩니다. 하고 싶은 일을 하고, 하고 싶은 말을 하게 되지요. 자신을 해방해서 자기다운 모습으로 살 수 있게 됩니다.

말주변이 없다고 고민할 필요는 없습니다.

대화 능력은 말의 유창함만으로 평가하는 것이 아니며,

멋부리지 않고 자연스럽게 말하는 것이

최고의 말하기임을 명심하세요.

제4장:

모든 관계는
대화에서 시작된다
A RICH MAN'S SPEECH

대화는 피구가 아니라
캐치볼이다

우리는 흔히 대화를 캐치볼에 비유하고는 합니다. 캐치볼을 하듯이 상대가 던진 공(말)을 받아서 자신도 공을 던지는 것이지요. 이때 중요한 것은 상대가 던진 공이 어느 방향으로 오는지를 잘 보고 잡은 뒤에 상대가 받기 쉽게 다시 던지는 일입니다. 이 과정이 제대로 이루어져야 캐치볼이 이어질 수 있습니다.

그런데 마치 피구를 하듯이 공을 세게 던지거나 잡기 어려운 방향으로 던지면 어떻게 될까요?

A : 어제 텔레비전에 나온 럭비 시합 봤어?

B : 아니, 관심 없어서 안 봤어.

A : ······.

이렇게 되면 대화가 끝나 버리고 맙니다. B는 말이라는 공을 받은 뒤 제대로 던지지 못하고 있습니다.

아무리 관심이 없는 이야기라도 우선 상대의 이야기를 유심히 듣고, 상대가 대답하기 좋은 말을 골라서 건네 보면 어떨까요?

A : 어제 텔레비전에 나온 럭비 시합 봤어?

B : 난 못 봤는데, 고로마루 선수가 엄청 인기라며? 고로마루 선수 특유의 자세도 나왔어?

A : 그 선수 활약이 정말 대단했어. 물론 고로마루 자세도 나왔지!

B : 너도 학창시절에 럭비부였다고 했던가?

A : 응, 학교 다닐 때 했었어. 다음에 같이 시합이라도 한 번 보러 가자!

이런 식으로 상대의 공을 제대로 캐치해서 다시 상대가 받기 쉽게 공을 던지면 대화가 자연스럽게 활기를 띠게 됩니다.

당신은 대화의 캐치볼을 잘하고 있습니까? '난 아무래도 못 하겠어'라고 말해서는 안 됩니다. 왜냐하면 말을 캐치하는 것은 당신의 '귀'이기 때문입니다. 누구든 똑같이 두 개의 귀를 가지고 있습니다. 그 귀로 제대로 들으려고 마음만 먹으면, 캐치볼 실력도 틀림없이 향상될 것입니다.

호감을 사는
대화의 기술

심리학적으로 입증된 대화법 중 상대에게 호감을 얻는 방법이 있습니다. 바로 상대방의 말을 반복하는 것인데, 이를 '앵무새 화법'이라고 부릅니다. 예를 들면 다음과 같습니다.

A : 저는 커피를 좋아해요.

B : 커피 좋아하세요? 어떤 커피요?

A : 산미가 강한 거요.

B : 신맛 나는 걸 좋아하시는구나. 그럼 하루에 몇 잔씩 드세요?

이야기할 때 누구나 '저 사람이 과연 내 말을 듣고 있을까?', '이 이야기에 흥미가 있을까?', '혹시 지루한 건 아닐까?' 하고 내심 신경이 쓰일 것입니다.

그런데 앞에서 든 예시처럼 상대방이 자신이 한 말을 반복해 주면 '이 사람이 내 말을 잘 들어 주고 있다'는 확신을 얻음과 동시에 동조해 주고 있다는 느낌을 받게 됩니다. 그래서 자연스레 호감을 느끼게 되는 것이지요.

상대방과 같은 동작을 하는 것 또한 호감을 얻는 효과가 있다고 합니다. 예를 들어 상대방이 커피를 마시면 나도 커피를 마십니다. 상대방이 손으로 턱을 괴면 똑같이 턱을 괩니다. 상대가 웃으면 같이 웃습니다. 이는 사람의 몸짓과 동작을 거울처럼 따라 한다고 해서 '미러링'이라고 부릅니다.

하지만 뭐든지 지나치면 독이 됩니다. 지나치게 같은 말을 반복하거나 몸짓을 따라 하면 상대가 호감을 느끼기는커녕 역효과가 나게 마련이지요. 적당히 조절하면서 사용해 보시기 바랍니다. 중요한 것은 상대방과의 대화 캐치볼입니다.

사람의 마음을 사로잡는
'잡담력'이란?

잡담력이 있으면 대화 기술도 향상한다는 말이 있습니다. 그런데 애초에 '잡담력(雜談力)'이란 무엇일까요? 재치 있는 입담으로 유명한 MC처럼 유창한 말솜씨가 있어야 잡담력이 있는 걸까요? 아니면 저널리스트처럼 아는 게 많아야 할까요?

우선 '잡담'이 무엇인지 사전에서 찾아보았습니다.

잡담(雜談)

[명사] 쓸데없이 지껄이는 말

그렇습니다. 한마디로 실없는 이야기지요. 그렇기 때문에 잡담력은 최선을 다해 노력한다고 해서 익힐 수 있는 것이 아닙니다.

저는 히토리 씨를 볼 때마다 세계에서 가장 잡담력이 높은 사람이라는 생각이 듭니다. 어떤 사람과 만나더라도 그 사람과 즐거운 대화가 가능하기 때문이죠. 그가 있으면 항상 이야기꽃과 웃음꽃이 활짝 피어납니다.

그렇습니다. 사실 잡담력은 '쉽게 친해지는 능력'입니다. 사람들이 대화를 나누고자 하는 사람은 말을 잘하는 사람이나 다양한 분야의 지식이 있는 사람이 아닙니다. 그렇다고 유창하게 말을 잘하는 사람도 아닙니다. 사람들이 함께 이야기를 나누고 싶어 하는 사람은 친근감 있는 사람이지요.

물건을 살 때도 마찬가지입니다. 이왕 살 거면 친근감 있는 사람에게 물건을 사고 싶은 것이 사람 마음이겠지요. 그렇기 때문에 말은 못해도 상관없습니다. 말보다 더 중요한 부분을 한번 확인해 보시기 바랍니다. 당신은 다가가기 쉬운 미소 띤 얼굴을 하고 있습니까? 친근한 말투를 사용합니까?

자기도 모르게 잡담을 나누고 싶어지는 매력이 진정한 잡담력이라는 사실을 잊지 마시기 바랍니다.

A RICH MAN'S SPEECH

말주변이 없으면
오히려 도움이 된다

혹시 말주변이 없어서 손해를 보고 있다고 생각하십니까?
사실 말주변이 없는 사람이 손해 볼 일은 하나도 없습니다.
오히려 말을 많이 하지 않아도 된다는 장점이 있지요.

개그맨 콤비도 역할이 정해져 있습니다. 한 사람은 항상
엉뚱한 소리를 하고, 나머지 한 사람은 이를 지적합니다. 그
런데 지적하는 사람이 열을 말해야 한다면, 엉뚱한 소리를
하는 사람은 하나만 말해도 됩니다. 어떻게 보면 엉뚱한 소
리를 하는 사람이 훨씬 편하다고 할 수 있습니다. 그만큼 효
율적이니 말입니다.

저처럼 말이 많은 사람은 이야기가 끊겨서 갑자기 조용해지면 '뭔가 말해야 하는데, 어쩌지?' 하는 조급한 마음에 일단 무슨 이야기든 하기 시작합니다. 분명히 말이 많은 사람은 소비하는 에너지도 상당할 것입니다. 게다가 말하는 양에 비례해서 인기가 많아지는 것도 아니고, 따르는 사람이 많아지는 것도 아닙니다.

제가 항상 강조하는 다음 말에는 인생의 지혜가 담겨 있습니다. '자신이 어떤 사람이든 엄청난 이득을 보고 있다고 생각하는 습관을 들여야 합니다. 사람은 절대로 불행한 채로 행복해질 수 없습니다. 지금 자신의 모습 그대로 행복해지려면 자신감을 가지는 일부터 시작해야 합니다.'

그러니 말주변이 없는 나는 엄청난 이득을 보고 있다고 긍정적으로 생각하고 자신감을 가지시기 바랍니다.

말을 잘하는 사람은
질문을 잘한다

대화를 물 흐르듯 자연스럽게 하는 가장 손쉬운 방법이 무엇인지 아십니까? 바로 상대방에게 질문하는 것입니다. 자신이 말을 하지 않아도 센스 있는 질문을 하거나 상대방이 한 말에 관한 질문을 하면 상대방도 기분이 좋아지기 때문에 더욱 많은 이야기를 들려주게 되고, 분위기도 자연스럽게 부드러워집니다.

그렇다고 아무 질문이나 하면 되는 것은 아닙니다. 뜬금없는 질문은 상대방을 당황하게 할 뿐 아니라 자칫하면 좋은 분위기에 찬물을 끼얹을 수도 있기 때문입니다.

실제로 대화를 하다 보면 가끔 이런 경우를 만나게 됩니다. 어떤 주제에 관해서 이야기하면서 분위기가 최고로 고조되었는데, 누군가 갑자기 전혀 상관없는 질문을 해서 분위기를 깨는 경우가 있지요. 그리고 당연한 말이지만 상대방이 말하고 싶어 하지 않는 주제나 흥미가 없는 일에 관해서 질문해도 분위기가 깨지기 마련입니다.

질문을 잘하는 요령이 있다면 우선 상대방의 말을 주의 깊게 듣는 것입니다. 그리고 이야기를 들으면서 궁금했던 점을 묻습니다.

만약 마음에 드는 사람이 자신은 맛집을 찾아다니는 것이 취미라고 한다면 "어떤 음식을 좋아하세요?", "최근에 갔던 곳 중에서 가장 마음에 들었던 가게는 어디예요?", "지금 점 찍어 둔 레스토랑이 있나요?" 이런 식으로 상대의 이야기를 잘 들으면서 질문하면 됩니다. 그러면 상대방도 '이 사람과는 마음이 잘 맞네' 하는 생각에 기쁜 마음으로 많은 이야기를 들려주겠지요.

이렇게 즐거운 분위기로 대화를 하다 보면 "다음에 같이 맛있는 거 먹으러 가요"라며 좋은 인연을 맺을 기회를 얻게 될지도 모릅니다.

A RICH MAN'S SPEECH

다른 사람에게 조금만
관심을 가지면 멋진 일이 생긴다

우리는 누구나 각자 다른 '경험의 보물 창고'를 가지고 있습니다.

내가 아닌 다른 이들은 아침에 일어나면서부터 나오는 전혀 다른 경험을 합니다. 아침 메뉴부터 다릅니다. 만약 누군가가 빵을 먹었다면 '왜 밥이 아니라 빵일까?', '어떤 빵을 먹었을까?', '빵에는 보통 뭘 발라 먹을까?' 하는 식으로 알려고 하면 할수록 그 사람에 대한 흥미가 생기기 마련입니다. 정말 그 사람에게 관심을 기울이면 대화하려고 생각하지 않아도 얼마든지 묻고 싶은 것이 떠오릅니다.

그런데 그렇게 단순히 궁금했던 것을 묻다 보면 상대방이 "맞다! 그러고 보니 그 집 빵, 정말 맛있어요"라고 말하며 생각지도 못한 정보를 얻는 등 나에게 도움이 될 만한 멋진 일이 생깁니다.

사람은 누구든 자신을 소중히 여겨 주는 사람을 좋아하기 마련입니다. 게다가 자신에게 관심을 두고 또 자신을 존중해 주는 사람이 있다면 금방 친해지고 싶겠지요. 다른 사람과 친해지는 방법은 사실 상당히 간단합니다. 누군가 자신에게 해 주기 바라는 일을 상대방에게 해 주면 되니까요. 게다가 나 아닌 타인은 나와는 다른 경험의 보물 창고를 가지고 있기 때문에 이야기할 거리가 얼마든지 있습니다.

자신이 인생에서 체험할 수 있는 일이란 극히 일부분에 불과하다는 사실을 알고 나면, 다른 사람의 이야기에서 새로운 발견을 하거나 실제로 자신은 할 수 없는 경험을 간접 체험하면서 인생의 즐거움을 느낄 수 있습니다.

의견이 달라도
일단 받아들이자

대화하면서 절대로 하지 말아야 할 것이 '부정'입니다. "그래도 말이야……", "하지만……", "그건 아니지"라고 갑자기 부정을 당하면 누구든 기분이 나쁘기 때문입니다. 누구나 내 이야기에 계속해서 트집을 잡거나 딴죽을 거는 사람과는 더는 이야기하고 싶지 않게 마련이지요.

물론 상대방과 다른 의견을 이야기하는 것은 괜찮습니다. 다양한 의견이 있을 수 있으니까요. 다만 한 가지 주의할 점이 있습니다. 상대방 의견을 듣고 부정부터 하지 말고, 우선 상대방의 의견을 수용해야 합니다.

먼저 "맞아, 나도 이해하지"라고 상대의 생각을 인정해 줍니다. 그러고 나서 "하지만 내 생각은 좀 다른데, 들어줄래?" 하면서 자기 의견을 말하는 것입니다. '맞아, 나도 이해하지'라는 말은 상대의 의견에 찬성하거나 긍정하는 의미가 아니라 상대가 하는 말을 내가 잘 받아들였고 이해했다는 의미입니다.

세상은 부메랑과 같습니다. 당신이 상대방 의견을 들어주면 상대방도 반드시 당신의 의견에 귀를 기울여 주게 되어 있습니다. 그것이 세상의 이치입니다.

A RICH MAN'S SPEECH

때론 침묵도
나쁘지 않다

침묵은 어떤 순간에 갑자기 찾아오고는 합니다. 당신은 그런 침묵이 아무렇지 않나요? 아니면 침묵이 두려워서 어떻게든 화제를 찾으려 하나요?

프랑스에서는 침묵이 찾아왔을 때 '천사가 지나갔다'고 말합니다. 침묵 때문에 갑자기 어색하게 굳어졌던 분위기를 풀어 주는 멋진 말입니다.

침묵을 두려워하는 사람은 대부분 '침묵은 좋지 않다', '이 침묵을 어떻게든 깨야 한다'는 생각에 침묵이 생기면 마음속으로 상당히 초조해합니다. 그런데 그런 초조한 기분으로 어떻게든 말을 하려고 하면 맥락 없는 이야기를 하게 되거나, 조심성 없는 발언으로 오히려 더 큰 침묵을 가져오게 됩니다.

또 상대방이 대화를 이어가기 힘든 화제를 잘못 꺼내거나, 웃기려고 한 말이 오히려 분위기를 차갑게 만들기도 합니다. 어떻게든 침묵을 깨려고 했는데 오히려 더한 곤욕을 치를 때도 있습니다.

그런데 프랑스뿐 아니라 일본에도 훌륭한 격언이 있습니다. 바로 '침묵은 금이다'라는 말입니다. 침묵도 나쁘지 않습니다. 대화 중간에 휴식이 있어도 괜찮습니다. 침묵을 깨려고 굳이 애쓰지 마시기 바랍니다.

침묵이 괴로우면 상황에 따라서는 자는 척을 해 보면 어떨까요? 물론 회의 중에 자는 척을 하면 곤란하겠지만, 이런 경우라면 어떨까요? 예를 들어 지하철 안에서 아는 사람과 우연히 만났는데, 대화가 이어지지 않아서 어색했던 경험이 한 번쯤은 있을 것입니다. 그럴 때는 타이밍을 봐서 자는 척을 하는 것도 방법입니다. 분명히 상대방도 무슨 말이든 해야 한다며 머릿속으로 대화 주제를 찾느라 허둥대고 있을 테니까요.

침묵을 두려워하지 마시기 바랍니다. '무슨 말이든 해야 해!' 하며 서두를 필요도 없습니다. 당신이 몇 분 동안 침묵한다고 해서 상대방과의 관계가 끝나는 것도, 이 세상이 끝나는 것도 아니니까요.

A RICH MAN'S SPEECH

편견 때문에 생각보다
많은 기회를 놓칠 수 있다

혹시 어떤 사람의 첫인상만 보고 '조용하기만 해서 재미없을 것 같다', '왠지 성격이 안 좋아 보인다'라는 자기 기준의 편견으로 그 사람과 대화하기를 주저한 적이 있나요?

사람을 겉모습으로 판단하는 것은 어쩔 수 없는 일입니다. '사람은 겉모습이 100퍼센트'이기 때문입니다. 마트에서 파는 사과도 생긴 걸로 판단하고 선택하지요.

하지만 한 번쯤은 누구에게든 귀를 기울이고 말을 걸어보는 것도 괜찮지 않을까요? 사람은 저마다 서로 다른 경험의 보물 창고를 가지고 있으니까요.

자신의 편견으로 만나는 사람의 범위를 좁힌다면 참으로 애석한 일이 아닐 수 없습니다. 조용하기만 해서 재미없을 것 같다고 생각한 사람도 이야기를 나눠 보면 아주 행동력 있고 다양한 일에 도전하면서 즐겁게 사는 사람일 수도 있습니다. 또 왠지 성격이 안 좋을 것 같다고 생각한 사람도 알고 보면 굉장히 상냥하고 남을 배려할 줄 아는 사람일 수도 있습니다. 만약에 기분 나쁜 사람이었다고 하더라도 배울 점은 얼마든지 있습니다.

소문은 어떤 소문이든 매우 비슷합니다. 보통 '○○씨는 성격이 안 좋아', '□□은 정말 제멋대로야'라는 식으로 일방적인 정보가 귀에 들어오지요. 하지만 실제로 자신은 아무런 손해도 입지 않았습니다. 그런데도 누군가에게 들은 말만으로 사람을 판단하고 편견을 가지는 것은 정말 이상한 논리입니다.

세상에 좋은 사람만 있으면 정말 좋겠지만, 무언가 꿍꿍이를 감추고 있는 사람도 있습니다. 그러니 기본적으로는 자기 눈으로 분명히 보고, 자기 귀로 듣고 판단하는 버릇을 들여야 합니다.

편견을 버리고 새로운 마음으로 자기 눈과 귀를 믿고 상대와 마주하면 잘못된 판단을 내릴 일이 없을 것입니다.

A RICH MAN'S SPEECH

험담은 하지도
듣지도 마라

험담하는 사람이 있으면 곧바로 그 자리를 피해야 합니다. 농담이 아니라 정말로 피하는 편이 좋습니다. 곁에 있는 것만으로도 운세가 곤두박질치기 때문입니다.

험담하는 사람과는 대화의 캐치볼을 할 필요가 없습니다. 험담을 들어 주는 것만으로도 똑같은 죄를 짓는 것이나 마찬가지니까요. 애초에 다른 사람 눈에는 험담을 들어 주고 있는 당신도 같이 험담을 하는 것처럼 보입니다.

'사람의 말에는 독이 있다'는 옛말이 있습니다. 그런데 이 것은 그냥 하는 말이 아닙니다. 험담할 때의 공기를 병 속에 넣고 그 안에 곤충을 넣으면 보통 공기에 넣었을 때보다 훨씬 빨리 죽는다고 합니다. 그렇기 때문에 험담을 자주 하는 사람은 자신이 내뿜은 독을 스스로 흡입해서 결국 파멸에 이르게 됩니다. 험담을 듣기만 한다고 해도 안심할 수 없습니다. 함께 그 공기를 마시면 독에 중독되기 때문입니다. 그러면 당신의 운세도 점점 기울게 됩니다.

험담하는 것은 어떤 의미에서 보면 병적이기 때문에 말을 하는 본인은 자각하지 못하는 경우가 많습니다. 예를 들어 "친구 ○○의 남편은 당신이랑 나이가 같은데, 벌써 부장이 되었대요", "같은 반 친구 □□은 지난번 시험에서 100점을 받았다는데, 너는 왜 만점을 못 받니?"라고 말하는 것처럼 다른 사람과 비교하는 것도 분명한 험담입니다. 이런 말을 들은 사람은 틀림없이 상처를 받을 테니까요.

뚱뚱한 사람에게 '뚱땡이'라고 말하면 욕이겠지요. 사실을 말하는 것뿐인데 뭐가 잘못되었냐고 할지도 모르지만, 그 말에는 사랑이 없습니다. 설령 사실이라고 할지라도 남이 듣고 상처받을 만한 말은 험담이기 때문에 절대로 입에 담아서는 안 됩니다.

험담은 하지도 듣지도 말아야 합니다. 그리고 주변에 험담하는 사람이 있으면 재빨리 피하시기 바랍니다.

진심이 아니어도
일단 감사의 말을 해 보자

히토리 씨가 설립한 회사인 긴자 마루칸의 인사말은 "항상 감사합니다!"입니다.

"좋은 아침입니다. 항상 감사합니다!"

"그럼 다음에 또 봐요. 항상 감사합니다."

(전화 통화를 할 때) "항상 감사합니다. 마루칸입니다."

긴자 마루칸에서는 이런 식으로 인사를 나눌 때나 전화를 받을 때와 끊을 때, 다양한 상황에서 일상적으로 이 인사말을 사용합니다. '항상 감사합니다'라는 말은 '고맙습니다'보다 더 힘이 있습니다. 굉장한 위력을 가진 마법의 말이지요.

한번은 이런 일이 있었습니다. 어느 날 히토리 씨에게 한 여성이 찾아와서 '상사에게 미운털이 박혔는지 내 인사조차 받아 주지 않는다'는 고민을 털어놓았습니다. 정말 열심히 일하고 있는데도 자기에게는 큰 프로젝트를 맡기지 않는다는 것입니다. 그녀는 분명 상사가 자신을 싫어하기 때문일 거라며 억울함을 토로했습니다.

이야기를 들은 히토리 씨는 다음과 같은 조언을 해 주었다고 합니다.

"내일 아침에 상사를 만나면 웃는 얼굴로 '좋은 아침입니다. 항상 감사합니다'라고 인사해 보세요."

"네? 싫어하는 상사한테 '항상 감사합니다'라고 말해 보라고요?"

"사람은 마음에서 우러나온 다음에 말하려고 하면 10년이 지나고 20년이 지나도 말하지 못해요. 알겠어요? 속으로는 그렇게 생각하지 않더라도 일단 웃는 얼굴로 '항상 감사합니다'라고 말해 보세요. 틀림없이 재미있는 일이 일어날 거예요."

그녀는 반신반의하면서 다음 날 히토리 씨의 조언대로 했다고 합니다. 상사에게 웃는 얼굴로 "좋은 아침입니다. 항상 감사합니다!"라고 인사를 한 것이지요. 그랬더니 평소에는 인사를 해도 본체만체하던 상사가 조금 놀란 표정으로 "어, 그래……" 하고 인사를 받아 주었다고 합니다.

기적은 여기서 끝이 아닙니다. 그날 그녀가 퇴근하려고 할 때 상사가 그녀를 불러서는 "자네를 새롭게 시작하는 프로젝트의 리더 자리에 앉히고 싶네만. 한번 해 보겠나?" 하며 무척 괜찮은 제안을 해 왔다고 합니다.

현재 그녀는 프로젝트 리더가 되어 즐거운 마음으로 열심히 일하고 있습니다. '항상 감사합니다'라고 말했더니 정말로 '항상 감사합니다'라고 말할 만한 일이 일어났습니다. 이것이 히토리 씨가 말하는 '말의 마법'입니다.

사람들은 보통 좋은 일이 있어야 감사를 합니다. 하지만 좋은 일은 좀처럼 일어나지 않기 때문에 평범한 사람들은 감사할 일이 적습니다. 그런데 감사하지 않는 사람은 누구도 도와주지 않습니다. 신조차도 도와주지 않지요. 그래서 인생이 잘 풀리지 않는 것입니다.

모든 일에 감사할 줄 아는 사람이 성공합니다. 모든 일에 감사하는 사람에게는 감사할 만한 일이 점점 더 많이 생깁니다. 사람들도 도와주고 신도 응원해 줍니다.

항상 감사하는 사람만이 크게 성공하고 부자가 될 수 있다는 점을 명심하세요.

 A RICH MAN'S SPEECH

상대방을 사로잡는
나만의 맞장구 법칙

어느 날 친구에게 아주 기분 좋은 말을 들었습니다.

"마유미랑 있으면 편하게 대화할 수 있고, 즐거워서 그런지 시간이 순식간에 지나가는 것 같아!"

이 말을 듣고 '그 친구가 왜 그렇게 느꼈을까'를 생각해봤는데, 아마도 제가 타고난 수다쟁이여서 말하는 걸 좋아하는 데다가 다른 사람의 이야기를 듣는 것도 이에 못지않게 좋아하기 때문인 것 같습니다.

그리고 제가 다른 사람 이야기를 들을 때 자주 하는 말은 "재밌어요!", "신나네요!", "잘 됐다!", "대단해요!", "아, 웃겨!" 등의 맞장구입니다. 게다가 저는 재미있는 이야기를 들으면 웃다가 의자에서 떨어질 정도로 시원하게 웃습니다.

본인의 입버릇은 스스로는 잘 모르기 마련인지라 이처럼 저도 모르고 있다가 친구의 말을 듣고 한참을 생각해 본 뒤에야 깨닫게 되었습니다.

누구나 자신이 이야기할 때 상대방이 반응이 없거나 듣는 건지 안 듣는 건지 알 수 없는 영 신통치 않은 반응을 하면 왠지 기운이 빠지기 마련입니다. 그리고 '내 이야기에 흥미가 없나?', '내가 지루한가?' 하는 생각이 들어서 대화를 서둘러 마무리하게 되겠지요.

반대로 어떤 이야기라도 상대가 놀라거나 웃거나 공감해 주는 등의 반응을 보여 주면 즐겁게 이야기를 이어갈 수 있습니다. 노래방에서 타이밍을 잘 맞춰서 추임새를 넣어 주거나, 박자에 맞춰 손뼉을 쳐 주거나, 함께 노래를 불러 주거나, 춤을 춰 주면 누구나 흥이 올라서 신나게 노래를 부를 수 있는 것과 마찬가지입니다.

당신은 어떤 추임새로 상대방을 기분 좋게 해 주나요? 당신만의 멋진 추임새를 준비해 보시기 바랍니다.

꾸미지 말고
솔직하게 말해라

"좋아하는 사람 앞에서는 긴장이 되어서 말을 못하겠어요."

"회사 회식 자리에서 동경하는 선배 옆자리에 앉게 되었는데, 무슨 이야기를 하면 좋을지를 몰라서……."

흔히들 이런 고민을 합니다. 좋아하는 사람이 눈앞에 있으면 괜히 생각이 많아져서 말을 못하게 되거나 잘 보이려는 마음에 내숭을 떨게 되지요. 하지만 아무리 고민해도 말을 하지 않는다면 어차피 상대방은 당신의 마음을 알 길이 없습니다.

그보다 혼자 골똘히 고민만 하는 사이에 원래 당신과는

다른 인상을 줄 수 있다는 사실을 알아야 합니다. '조용한 사람이구나' 정도면 그나마 낫지만 상대가 '어두운 사람이네'라고 생각한다면 억울하지 않을까요?

또 계속해서 입은 꾹 다문 채 쳐다만 보고 있으면 상대가 '뭔가 흑심이 있는 건가? 사람을 빤히 쳐다봐서 기분 나쁘네'라고 생각할지도 모릅니다. 그렇게 되면 마음을 전하기는커녕 스스로 무덤을 파는 꼴이 되고 맙니다.

결국 좋아하는 상대의 관심을 끌 수 있는 말은 '평소 그대로의 말'입니다. 설령 상대방이 가식적으로 꾸민 당신을 마음에 들어 한다고 해도 나중까지 그것을 유지하기란 보통 어려운 일이 아니지요. 언젠가는 가면이 벗겨지게 되어 있습니다. 보통 때처럼 편안하게 말을 해도 당신의 있는 그대로의 모습을 좋아해 주는 상대여야 편안하고 멋진 만남을 이어갈 수 있습니다.

저는 좋아하는 스타일의 남성을 만나면 "저는 이런 스타일을 상당히 좋아해요" 하고 솔직하게 말합니다. 상대방이 저를 좋아해 줄지 말지는 알 수 없지만, 제 마음만은 확실하게 상대방에게 전달하는 것이지요.

이렇게 하면 좋은 만남으로 이어질 확률이 훨씬 높아집니다. 좋아한다는 말을 들으면 누구나 기분이 썩 나쁘지는 않

을 테니 말입니다. 인기가 있는 건 누구에게든 기분 좋은 일
이지요. 이것저것 혼자서 생각만 하지 말고 솔직하게 말해
보시기 바랍니다.

A RICH MAN'S SPEECH

자신감이 없어질 땐
이 구호를 외쳐라

"아무리 해도 자신감이 없어서 말을 못 하겠어요."

"정말 이걸로 괜찮을지 불안해요."

"다른 사람과 비교하면 제가 말을 잘 못하는 것 같아서 괜히 기가 죽어요."

이처럼 자신감을 떨어지게 만드는 여러 가지 조건이 떠오를 때가 있습니다. 누구나 그런 기분이 들 때가 있지요. 그런데 때때로 이런 기분이 들기 때문에 사람은 계속해서 성장할 수 있는 것입니다. 하지만 필요 이상으로 자신 없어 하는 것은 자신에게 마이너스가 됩니다.

자신감이 없어질 때는 이 말을 100번씩 해 보시기 바랍니다.

"나는 대단하다!"

뭐가 대단한지는 몰라도 상관없습니다. 근거 따위는 필요 없습니다. 인간은 누구나 불완전합니다. 하지만 현재 성장하고 있는 당신은 '대단한 사람'임에 틀림없습니다. "나는 대단하다"는 말을 100번 하고 나면 몸과 마음에서 나오는 에너지가 좋은 에너지로 바뀌어 있음을 느낄 수 있게 될 것입니다.

"말을 매력적으로 하면 곧바로 운세가 좋아집니다.

지금이라도 이 사실을 깨달았다면,

당신은 운이 좋은 사람입니다."

제5장:

말 잘하는 사람은
외모부터 다르다
A RICH MAN'S SPEECH

A RICH MAN'S SPEECH

말의 힘을 뛰어넘는
무언가가 있다

지금 이 책을 읽고 있는 당신은 어쩌면 이런 생각을 할지도 모릅니다. '이 책을 읽고 여러 가지를 시도해 봤지만 역시 말을 잘 못하겠다.' '대화 실력이 늘지 않은 것 같아.' '역시 나는 말을 잘할 수가 없나 봐. 포기하자.' 혹시 이렇게 좌절하고 있지는 않나요?

제가 이 책을 집필하면서 맨 처음으로 가졌던 의문이 있습니다.

"정말로 대화 실력이 뛰어나야만 하는 걸까?"

물론 이런 말을 하면 이 책의 존재 의미가 없어지지요. 하지만 제 머릿속에서는 이 질문이 맴돌았습니다. 왜냐하면 스스로도 "원래 말주변이 없어요"라고 공공연하게 말했고, 실제로도 상당히 과묵한 다카쿠라 켄 씨는 세계적으로 사랑받는 배우가 되었으니까요. 그런 걸 보면 과묵하다고 해서 성공할 수 없는 것은 아닌 것 같습니다.

물론 말까지 잘하면 더할 나위 없겠지만, 말을 잘하는 것이 전부는 아닙니다. 말의 힘을 뛰어넘는 무언가가 분명히 있습니다. 그렇기 때문에 지금 이 페이지를 읽고 있는 당신에게도 전하고 싶습니다. 대화 실력이 별로 늘지 않았다고 하더라도 절대로 '난 어차피 안 돼' 하며 실망하고 좌절하지 마시기 바랍니다. 그런 좌절감을 느낄 거였으면 차라리 이 책을 사지 않는 편이 좋았을 테니 말입니다.

사실 대화 실력이 뛰어나지 않아도 운을 부르고 진정으로 행복한 부자가 되는 방법이 있습니다. 심지어는 말을 하지 않아도 됩니다. 자신을 탓하는 일은 이제 그만둡시다. 당신이 낯을 가리는 사람이든 말을 잘 못하는 사람이든 무슨 이야기를 해야 할지 몰라 고민하는 사람이든 걱정할 필요가 없습니다.

한 가지만 지켜 주시기 바랍니다. 대화하는 능력은 신께서 인간에게만 허락하신 훌륭한 재능입니다. 그러니 대화를 즐기는 일을 포기하지 않았으면 좋겠습니다. 이제 당신은 점점 더 멋진 사람이 되어서 누구와 만나든 즐겁게 지낼 수 있게 될 것입니다.

성공하는 사람은
외모를 가꾼다

사실 대화 실력보다 중요하고, 다른 어떤 것보다 중요한 것은 '겉모습'입니다. "멋만 부리지 마라"라는 말은 무시하세요. 멋 정도는 부릴 줄 알아야 합니다.

사람은 겉모습이 100퍼센트입니다. 아무리 마음이 아름다워도 마음은 겉으로 보이지 않으니까요. 당신이 마음이 아름다운 사람이라면 다른 사람 눈에도 그렇게 보이도록 멋을 부려야 합니다.

대화도 그렇습니다. 근사한 사람이 있으면 누구나 함께 이야기를 나누고 싶어 하기 마련이지요. 그런데 머리는 부스스하고 겉모습 따위는 전혀 신경 쓰지 않는 사람과는 함께 있고 싶지도 않고, 대화하고 싶은 마음도 들지 않습니다.

사람은 누구나 멋진 사람과 친하게 지내며 대화하고 싶어 하지요. 그런 기분을 이해하지 못하는 사람은 인생이 잘 풀리지 않습니다.

특히 초면인 사람과 대화를 할 때, 그 사람이 어떤 사람인지 판단할 기준이라고는 겉모습밖에 없습니다. 당신이 상대를 겉모습으로 판단하는 것처럼 상대방도 당신을 100퍼센트 겉모습만으로 판단합니다.

일류 호텔에 평상복 차림으로 갔을 때와 멋지게 차려입고 갔을 때, 호텔 직원의 응대가 달라지게 되어 있습니다. 멋지게 차려입고 있으면 말 한마디 하지 않아도 인정을 받습니다. 반대로 당신이 영어를 잘하든, 재치 있게 말을 잘하든, 돈이 많든 일단 후줄근한 차림을 하고 있으면 호텔에 발조차 들여놓기 어려울지 모릅니다.

멋지게 차려입으면 자연스럽게 자신감이 생기고, 태도가 당당해지며 행동이 달라집니다. 상대의 반응은 물론 당신에게서 뿜어져 나오는 기운도 달라지는 것이지요.

안에 든 사람은 같지만, 겉모습이 달라지면 상대의 반응뿐 아니라 자기 자신의 마음가짐부터 180도 달라지는 것입니다. 마치 보물을 다룰 때와 하찮은 쓰레기를 다룰 때처럼 차이가 납니다.

대화할 때 상대방과 자신을 비교한 다음 자신이 상대방보다 아랫사람이라고 판단하고 기가 꺾이면 하고자 하는 말을 할 수가 없습니다. 중요한 것은 그 판단 기준은 겉모습이라는 것입니다.

사실 사람마다 대화 실력은 크게 차이 나지 않습니다. 문제는 상대방의 겉모습과 자신의 겉모습을 비교해서 강자와 약자를 자기 멋대로 정하는 것이지요. 여러분은 자기 자신을 그늘에 핀 꽃처럼 초라한 존재로 만들지 말았으면 좋겠습니다.

이제 대화 실력을 높이려 애쓰기 전에 겉모습부터 꾸미시기 바랍니다. 이 말을 하면 처음에는 독자 여러분들도 "'대화법 책 맞아?' 하고 당황하겠지만, 사실은 겉모습이 기본입니다.

예를 들어 공원 데뷔(일본에서는 아이가 아장아장 걷기 시작하는 만 1세 정도가 되면 엄마가 집 근처 공원에 데리고 나가는데, 이때 그곳에 모여 있는 다른 엄마들과 안면을 트는 것을 '공원 데뷔'라고 한다. 일본 엄마들은 공원 데뷔를 얼마나 멋지게 하느냐를 상당히 중요하게 생각한다—옮긴이)를 하거나 엄마들끼리 브런치를 먹을 때, 대화에 잘 끼지 못하는 사람이 있다고 해 봅시다. 평상시에도 얌전하기만 한 그녀에게 말을 걸어 주는 사람이 별로 없습니다. 그녀 또한 '무슨 말을 하면 좋을까? 어떤 이야기를 하면 대화에 낄 수 있을까?'를 고민하지만 좀처럼 대화에 끼지 못합니다.

그런데 어느 날 그녀가 위아래로 샤넬 정장을 걸치고, 샤넬 가방을 들고, 연예인처럼 메이크업하고, 머리까지 풀 세팅하고서 등장하면 어떻게 될까요?

평상시에 자신감이 없어서 뒤에 숨다시피 하던 그녀가 똑같이 아무 말도 하지 않고 있어도 분명히 눈에 띌 겁니다. 그저 미소 띤 얼굴만 하고 있어도 충분히 존재감을 뿜어내겠지요. 사람들이 그녀에게 자꾸 말을 걸 것입니다.

"오늘은 어쩐 일이세요?"

"정말 근사해요."

"멋지네요."

이런 말들이 오가며 틀림없이 그녀가 대화의 중심이 되겠지요.

다소 과장된 예였지만 핵심은 이것입니다. 사실 겉모습을 바꾸면 말솜씨가 전혀 늘지 않아도 사람들이 보는 당신의 이미지가 달라지고, 당신에 대한 태도가 바뀌어서 결국 인생 자체가 바뀝니다.

당신이 몇 살이든 남성이든 여성이든 뚱뚱하든 말랐든 사장이든 평사원이든 전업주부든 아무 상관이 없습니다. 정말로 행복해지고 싶다면 당신의 겉모습을 바꾸시길 바랍니다.

그렇지만 샤넬을 살 돈이 없다고요? "돈이 없어서 옷을 잘 입을 수 없다"고 말하는 것은 자신이 게으르다고 말하는 것이나 다름없습니다. 패배자의 변명일 뿐입니다.

저는 학창시절에 패션에 상당히 흥미가 있었지만, 패션에 투자할 돈이라고는 아르바이트로 번 약간의 용돈밖에 없었습니다. 그래서 잡지에 나온 멋진 옷을 보면 그것과 비슷한 '저렴하지만, 왠지 고급스러워 보이는 옷'을 찾기 위해서 열심히 발품을 팔았습니다. 요즘에는 열심히 찾아보면 가격은 저렴하지만 질이 좋은 물건이 상당히 많습니다. 5천 원으로 드레스 같은 옷을 살 수도 있고, 만 원 정도만 투자하면 '이거 샤넬인가?' 하고 착각할 수준의 가방과 액세서리를 살 수도 있습니다.

돈을 들이지 않고도 멋지게 차려입고 있으면 "대단해요! 비결이 뭐예요?", "어디서 샀어요?" 하면서 주위 사람들에게 더욱 주목받게 될 것입니다. 그러면 알아서 분위기가 고조되기 때문에 굳이 본인이 말을 잘하지 않아도 전혀 상관이 없습니다.

저는 히토리 씨의 가르침과 패션에 대해서 매일 포스팅을 하고 있는데, 한 번은 이런 일이 있었습니다. 한 콘서트장에서 어떤 여성이 저에게 말을 걸어 온 것입니다.

"저, 마유미 씨의 팬이에요! 블로그도 아주 좋아해서 매일 보고 있어요. 함께 사진 찍을 수 있을까요?"

어떠십니까? 이 여성과 저는 초면입니다. 한 번도 대화를 나눈 적이 없지요. 그런데도 그녀는 제가 패션에 관해 올리는 블로그만 보고도 저의 팬이 된 것입니다.

이런 걸 보면 인간관계에서 중요한 것은 대화 실력이 아닙니다. 사람은 태어날 때부터 예쁜 것을 좋아하게 되어 있습니다. 그리고 겉모습으로 남을 판단하게 되어 있습니다.

물론 대화 실력도 중요합니다. 하지만 무엇보다 '누가 말하느냐'가 중요합니다. 근사한 사람이 말하느냐, 그렇지 않은 사람이 말하느냐에 따라 사람들의 반응이 달라집니다. 유머러스한 대화를 하기 위해서 말장난이나 아재 개그를 연습할 것이 아니라 어떻게 하면 멋져 보일지를 연구하시기 바랍니다.

'말발'보다는 '옷발'입니다. 겉모습이 멋져야 당신과 이야기를 나눠 보고 싶다고 생각하는 사람이 늘어날 테니까요.

멋을 부리지 않아도 잘 풀릴 정도로 인생은 만만하지가 않습니다. 하지만 멋을 부리면 인생이 놀랄 만큼 쉽게 풀립니다. 이것이야말로 '대화 실력이 늘지 않아도 인생이 잘 풀리는 최고의 방법'입니다.

A RICH MAN'S SPEECH

인생이 잘 풀리는
얼굴은 따로 있다

얼굴 생김새는 각자의 개성이기 때문에 제가 감히 평가하거
나 성형이라도 해서 예쁘게 만들라고 강요할 수는 없습니다.
하지만 남성이든 여성이든 인생이 잘 풀리고 운이 열리는
얼굴이 되기 위해서 가장 중요한 것이 무엇인지는 말씀드릴
수 있습니다. 바로 '얼굴의 윤기'와 '깨끗한 피부'입니다.

　얼굴에 윤기가 있으면 훨씬 젊어 보입니다. 피부가 푸석
푸석하고 나이 들어 보이면 인기가 생길 리가 없지요. 그리
고 관상학적으로도 윤기가 없는 얼굴은 절대로 성공할 수
없다고 합니다. 그리고 보면 텔레비전에 나오는 인기 연예

인이나 성공한 사업가들은 하나같이 얼굴에 윤기가 있습니다. 그리고 피부가 깨끗해 보이는 화장을 하면 주위 사람들의 태도가 놀랄 만큼 달라집니다.

최근에 제 친구인 하나에가 '마츠오카 하나에의 운이 열리는 메이크업 아카데미'를 열어서 엄청난 인기를 얻고 있습니다. 이 강좌에서는 남성이든 여성이든 누가 봐도 자연스럽고 도자기처럼 깨끗한 피부를 연출하는 방법을 알려 주고 있습니다.

그런데 어떤 여성은 운이 열리는 메이크업을 마스터하고 나서 은행과 우체국에 갔을 때 깜짝 놀랄 일을 겪었다고 합니다. 지금까지 수없이 왔다 갔다 했지만 그동안은 누구도 자신을 유심히 보지 않았는데, 어느 날 운이 열리는 메이크업을 하고 갔더니 담당자의 응대가 자신을 VIP를 대하듯이 정중해졌다는 것입니다.

얼굴 생김새에는 취향 차이가 있습니다. 하지만 깨끗한 피부는 남성이든 여성이든 누구나가 동경합니다. 그리고 말을 잘하고 유쾌한 사람인지 아닌지는 말을 해 보기 전까지는 알 수 없습니다. 하지만 깨끗한 얼굴은 보는 순간 알 수 있지요. '얼굴은 입만큼 말을 한다'는 사실을 잊지 말기 바랍니다.

A RICH MAN'S SPEECH

나를 돋보이게 하는
가장 빠른 방법

사람의 인상을 크게 좌우하는 것이 뭔지 아십니까? 콕 집어 말하자면 '헤어스타일'입니다. 특히 남성은 액세서리도 거의 하지 않고, 화장이라고 해봤자 피부 톤 정리나 눈썹을 다듬는 것 정도만 하기 때문에 멋을 부릴 수 있는 부분이 극히 제한적입니다. 따라서 헤어스타일에 특히 더 공을 들여야 합니다.

물론 여성도 아무리 화장을 열심히 하고 멋진 옷으로 몸을 감싸고 있어도 헤어스타일이 트렌드에 뒤떨어지거나 머리를 빗지 않고 부스스한 볏짚처럼 하고 있으면 누가 봐도 쓸쓸한 기분이 들 것입니다.

여성은 긴 머리를 싹둑 자르면 인상이 크게 달라집니다. 남성의 경우 머리를 빡빡 밀면 인상이 굉장히 많이 달라지겠지요. 이처럼 헤어스타일은 얼굴 생김새만큼이나 그 사람의 이미지를 좌우합니다.

그런데 얼굴은 화장으로 다양하게 느낌을 연출하면서 헤어스타일은 바꾸지 않고 오랫동안 같은 스타일을 유지하는 사람이 의외로 많습니다. 그래서는 전체적인 인상을 바꾸기가 어렵습니다.

사람들에게 새로운 인상을 주고 싶다면 먼저 헤어스타일부터 바꾸는 것이 좋습니다. 혹시 미용실 선택이 고민이라면 항상 멋진 헤어스타일을 연출하는 친구에게 소개를 받아보시기 바랍니다.

때론 미소가
모든 것을 결정한다

누군가와 즐겁게 대화하라고 하면 도대체 어떤 이야기를 하면 좋을지 몰라 고민하는 사람이 많을 것입니다. 그런데 즐거운 대화는 우리가 일반적으로 생각하는 것과는 다릅니다.

즐거운 대화는 웃는 얼굴에서 시작됩니다. 웃는 얼굴로 있으면 그 자리의 분위기가 확연하게 밝아져서 자연스럽게 즐거운 대화가 됩니다. 돈 한 푼 안 들이고 그저 웃는 얼굴로 앉아만 있어도 즐거운 대화가 가능한 것이지요.

자기도 모르게 대화를 할 때 무표정하거나 화난 얼굴을 하는 사람이 의외로 많습니다. 그러면 말을 하는 사람 입장에서는 '나랑 얘기하는 게 재미없나?', '내가 뭔가 화날 만한 말을 했나?' 하고 불안해지게 마련입니다. 아마 당신도 그런 경험이 있을 것입니다. 그래서는 대화를 즐겁게 할 수가 없지요.

얼굴 표정은 스스로 관리해야 합니다. 아무 일도 없는데 마치 집안에 우환이 있는 표정을 하는 사람은 자기 관리가 부족하다고 할 수 있습니다. 말을 잘하지는 못하더라도 웃는 얼굴을 하고 있으면 대화 분위기가 저절로 온화해지고 따뜻해집니다.

말은 잘하지만 무표정인 사람과 말은 잘하지 못하지만 방긋방긋 웃는 사람이 있다면 어느 쪽이 더 좋을까요? 그렇습니다. 웃는 얼굴의 승리입니다.

'끄덕끄덕'이 주는
놀라운 힘

대화에 자신이 없어서 말을 잘 안 하는 경우에는 아무래도 주로 상대방 이야기를 들어 주게 됩니다. 그렇다면 기왕 들을 거 말하는 사람이 기분 좋게 이야기할 수 있도록 도와주면 좋겠지요.

당신이 말을 할 때 무뚝뚝한 얼굴로 팔짱을 끼고 있는 사람과 이야기를 들으면서 고개를 끄덕이는 사람이 있다면 누구와 대화하기가 편할까요?

그렇습니다. 고개를 끄덕이는 일은 뛰어난 화술이 없어도 상대방을 기분 좋게 만들 수 있는 최고의 방법입니다. 게다가 웃는 얼굴로 고개를 끄덕이면 더할 나위 없겠지요.

많은 사람과 식사하는 자리에서도 그렇습니다. 말은 많지 않아도 밝게 웃는 얼굴로 다른 사람 이야기에 고개를 끄덕이는 사람은 함께 있는 것만으로도 즐겁습니다. 게다가 신기하게도 그런 사람은 아무 말을 하지 않아도 충분히 존재감이 있습니다.

'끄덕임'은 행운을 불러들이는 요술 방망이입니다. 끄덕일 때 고개를 위아래로 흔드는 동작은 요술 방망이를 휘둘러서 보물이 많이 나오게 할 때와 같은 움직임입니다.

자기 이야기를 열심히 들어 주는 사람을 싫어할 이가 있을까요? 남의 이야기를 들을 때 열심히 고개를 끄덕이면서 들으면 호감을 얻을 수 있습니다. 다른 사람들에게 호감을 얻으면 인생이 잘 안 풀릴 수가 없지요.

끄덕임에는 이것 외에도 엄청난 힘이 있는데, 고개를 위아래로 끄덕이면 몸의 면역력이 올라간다고 합니다. 반대로 '아니, 아니' 하면서 고개를 옆으로 흔들면 몸의 면역력도 떨어지겠죠?

자기가 가지고 있는 요술 방망이를 잘 휘둘러서 많은 보물을 손에 넣고 행복해지시기 바랍니다.

센스 있는 칭찬이 어려울 땐 박수를 쳐라

사람은 누구나 칭찬을 받으면 기쁘게 마련입니다. 신께서 인간에게 주신 최고의 특기는 '다른 사람을 칭찬하는 것'입니다. 재미있는 사실은 남을 칭찬하면 칭찬할수록 자기가 남에게 칭찬받는 일 또한 늘어난다는 것입니다. 남을 잘 칭찬할 줄 아는 것은 대단한 재능입니다.

하지만 칭찬을 어렵게 생각하는 사람이 있습니다. 또 '어떻게 칭찬을 하면 좋을지 모르겠다'거나 '센스 있는 말이 좀처럼 떠오르지 않는다'는 사람도 적지 않을 것입니다. 어쩌면 어색한 칭찬으로 괜히 남들 눈에 아부하는 것처럼 보일까 봐 걱정되거나, 상대방이 기쁘게 받아들이지 않아서 씁쓸했던 기억이 있을지도 모릅니다.

이처럼 칭찬이 미숙한 사람에게 추천하고 싶은 칭찬 테크닉이 있습니다. 바로 '박수'입니다. 박수만 잘 치면 말을 한마디도 하지 않아도 상대를 칭찬할 수 있습니다. 박수를 받고 화를 낼 사람은 아마 없을 테니까요. 게다가 더 놀라운 건 박수는 세계 공통의 언어라는 사실입니다. 연령, 성별, 국적을 불문하고 누구나 박수의 의미를 압니다.

박수를 받으면 기쁘지요. 박수를 받으면 칭찬받는 것 같아서 기분이 좋아집니다. 이처럼 박수는 말을 하지 않고도 할 수 있는 최고의 칭찬 테크닉입니다.

타이밍을 잘 맞춰서 손뼉을 칠 수 있게 되었다면 그다음은 박수에 다음과 같은 말을 덧붙여 보세요.

"○○씨, 그 의견 좋네요."

"역시 ○○씨네요."

이렇게 말하는 것만으로도 칭찬뿐 아니라 대화 또한 잘하는 사람이 됩니다.

성공하지 못하는 사람은 어떻게든 자신이 칭찬받고자 하는 사람입니다. 성공하는 사람은 어떻게든 남을 칭찬하려고 하는 사람입니다.

당신은 주위 사람들을 많이 칭찬해 주시기 바랍니다. 혹시 칭찬할 만한 말을 찾지 못하겠다면 누구보다 큰 박수로 당신의 마음을 전달해 보세요.

먼저 좋은 사람이 되어야
좋은 일이 일어난다

군이 소리 내서 말하지 않아도 됩니다. 당신이 만난 사람, 스쳐 지나간 사람에게 마음속으로 이렇게 외쳐보시기 바랍니다. '이 사람에게 온갖 좋은 일이 눈송이처럼 쏟아지게 해주세요.'

빈곤한 생각을 가진 채로는 절대로 부자가 될 수 없습니다. 우선은 다른 사람의 행복까지 기도해 줄 만큼 마음이 풍요로워져야 합니다. 다른 사람의 행복을 비는 말을 하루에 100명에게 1000일 동안 해 보시길 바랍니다.

사실 모르는 사람의 행복을 빌다 보면 가장 많이 변하는 사람은 자기 자신입니다. 자신이 아주 좋은 사람이 된 기분이 들지요. 그리고 이를 계속하다 보면 정말로 주위 사람들에게 "너는 정말 상냥해", "좋은 사람이야"라는 말을 듣기 시작할 것입니다.

특별부록:
불편한 상황도 기회로 바꾸는
직장인 말투 백서
A RICH MAN'S SPEECH

❓ 분위기를 띄우고 싶어요

동료 직원이나 선배와 같이 점심을 먹을 때 대화 소재가 없어서
고민입니다. 식사하면서 분위기를 띄우려면 어떤 이야기를 하면
좋을까요?

― 20대 초반·남성·의약품 제조사

우선 당신은 '열심히 말해야 해' 증후군에서 빠져나오는 게
좋겠습니다. 만일 당신이 정말로 그 자리에 있고 싶다면 대
화 소재가 없어도 웃는 얼굴로 즐겁게 이야기를 들으면 됩
니다. 억지로 이야기를 하려고 하면 오히려 어색한 분위기
가 되기 마련이니까요. 당신은 뭔가 말해야 한다는 생각에
괴로울지 모르지만, 너무 열심히 말하려고 하면 듣는 사람
또한 괴롭습니다. 그러니 굳이 힘들게 말하지 않아도 괜찮
습니다.

그래도 역시 그 자리에 함께하기 위해서는 무슨 말이라도
해야 한다고 생각하시나요?

우리는 각자 성격이 다르기 때문에 여럿이 모이면 개중에

는 분위기를 잘 띄우는 사람도 있고, 가만히 앉아만 있는 사람도 있습니다. 말이 많은 사람이 있는가 하면 잘 들어 주는 사람도 있지요. 다양한 유형이 있는 것이 당연합니다.

우리는 저마다 서로 다른 역할을 하고 있습니다. 그러니 애써 분위기를 띄우려 하지 않아도 됩니다. 게다가 당신은 신경이 쓰일지 몰라도 수다 떨기를 좋아하는 사람은 자기 이야기에 열중하느라 당신이 아무 말을 하지 않아도 눈치채지 못할 것이 분명합니다.

제가 보기에 당신은 남들이 '이 사람은 왜 말이 없는 거야?'라고 생각할까 봐 두려운 마음에 '열심히 말해야 해' 증후군에 걸린 것 같습니다. 이 증후군에서 벗어나기 위해서는 머릿속에 있는 강박부터 해결해야 합니다. 그리고 솔직히 말하면 상대방으로서는 대화 소재를 찾느라 끙끙 앓고 있는 사람과 함께 있는 것이야말로 괴롭지 않을까요?

혼자 외식하는 것을 요즘 말로 '혼밥'이라고 부릅니다. 그런데 혼자 밥을 먹으면 주위 사람들이 친구가 없는 불쌍한 사람이라고 생각할까 봐 이를 기피하는 이도 있는 것 같습니다. 하지만 그런데도 혼밥은 요즘 학생들 사이에서는 물론이고, 회사원들 사이에서도 유행하고 있습니다.

혼자 있어도 전혀 나쁘지 않습니다. 이미 유행하고 있는 것을 보면 이 사실을 깨달은 사람도 많은 것 같습니다.

일본에만 1억 2천만 명의 인구가 있습니다. 분명히 당신과 대화가 잘 통하는 사람이 있겠지요. 당신이 영화를 좋아하든 만화를 좋아하든 피규어를 좋아하든 학교나 회사를 둘러보면 분명 같은 취미에 대해서 신나게 이야기할 사람이 한 명은 있을 겁니다. 애써서 열심히 이야기하지 않아도 즐겁게 함께할 수 있는 사람이 이 세상 어딘가에 반드시 존재합니다. 그러니 굳이 힘들게 재미있는 이야기로 분위기를 띄우려 하지 않아도 괜찮습니다.

회사 점심시간이 되면 다들 어제 했던 드라마 이야기를 하느라 신이 나 있습니다. 텔레비전을 보지 않는 저는 항상 꿔다 놓은 보릿자루처럼 할 말이 없어서 고민입니다.

– 20대 후반·여성·회사원

만약 사람들의 이야기를 듣고 재미있을 것 같다고 생각했다면 한 번쯤 그 드라마를 시청해 보면 어떨까요? 모두가 신이 나서 이야기한다면 그 드라마에 무언가 사람을 잡아끌 만한 매력이 있겠지요.

사람들과 친해지고 싶다면 '드라마 이야기만 해서 재미없다'면서 어두운 얼굴을 하고 있지 말고, 긍정적인 마음으로 흥미를 느껴 보면 됩니다. 물론 싫으면 억지로 볼 필요는 없습니다.

저는 지금 남들 눈에 좀 지나치다 싶을 정도로 K-Pop을 좋아하는데, 처음에 친구인 하나에가 K-Pop을 추천했을 때는 '남자가 스모키 화장을 하는 건 취향이 아니다', '멤버가 너무 많아서 누가 누군지 모르겠다'면서 거부했습니다. 그랬더니 어느 날 하나에가 거대한 DVD 박스를 보내왔습니다. '이거 한번 봐'라는 쪽지와 함께 말입니다.

스스로 말하기는 좀 그렇지만 저는 심성이 바르고 착한 사람이기 때문에 순순히 봤습니다. '내가 엄청 좋아하는 하나에가 추천하는 걸 보면 틀림없이 뭔가 있을 거야. 먹어보지도 않고 음식을 거부하는 어린아이처럼, 보지도 않고 싫다고 하는 사람이 되면 안 되지. 일단 DVD를 한번 보자. 보고도 나랑 안 맞으면 하나에한테 솔직하게 말하자!'라고 생각한 것이지요. 이렇게 결심하며 일단 DVD를 틀었습니다. 그러고는 금세 흠뻑 빠져 버렸습니다.

그전까지는 공항에 한류 스타를 마중 나간 팬들의 모습이 텔레비전에 나오면 '뭐야, 응원 부채까지 들고 부끄럽지도 않나?'라고 생각했는데, 지금은 그분들의 마음이 이해가 됩니다.

그래서 결론은 제가 그랬던 것처럼 사람은 누구나 자신의 작은 척도 안에서 살거나 생각한다는 사실을 알아야 한다는 것입니다.

저는 솔직히 말하자면 'K-Pop에 빠지는 사람보다는 내가 낫지'라는 알 수 없는 우월감까지 가지고 있었습니다. 지금 돌아보면 정말 재수 없는 여자였지요. 하지만 이 일 덕분에 많이 배웠습니다.

다른 사람이 좋아하는 것을 절대로 무시해서는 안 됩니다. 많은 사람이 열중하는 데에는 그만큼 사람을 매료시키는 무언가가 있다는 거니까요. 뭐든지 자신만의 좁은 척도로 판단하다 보면 새롭거나 근사한 것에 감성을 갈고닦을 수 없습니다. 그건 큰 문제지요. 다양한 것을 자기 지식과 에너지로 삼기 위해서는 유연한 사고방식이 매우 중요합니다.

많은 사람이 흥미를 느끼는 데에는 반드시 사람을 매료시키는 매력이 있다는 사실을 명심해야 합니다. 그것이 어떤 매력인지를 알면 자신의 매력을 키우는 데도 반드시 도움이 될 것입니다. 곤약처럼 유연한 마음과 스펀지처럼 흡수하려는 마음으로 받아들이시기 바랍니다.

사람들에게 억지로 맞출 필요는 없지만 자기 마음에 솔직해지고, 스스로 즐길 줄 아는 사람이 되었으면 좋겠습니다.

❓ 긴장되서 말이 안 나와요

전화 영업을 할 때 너무 긴장해서 머리가 새하얘지고 말이 잘 나오지 않습니다. 전화로는 상대방 표정이 안 보여서 더 긴장이 되는데, 긴장하지 않고 전화를 걸 방법이 있을까요?

– 20대 초반·여성·교재 영업

모든 일이 마찬가지지만 잘하기 위해서는 잘할 때까지 하는 수밖에 없습니다. 비단 전화 영업만 그런 것은 아닙니다. 어떤 일이든 잘하려면 그 일을 하는 횟수를 늘려야 하지요.

처음에는 누구나 서툽니다. 그러니 때때로 긴장해서 머릿속이 새하얘져도 괜찮습니다. 물론 말이 잘 안 나와서 우물쭈물하고 있으면 고객들에게 계속 거절당하겠지요. 하지만 괜찮습니다. 그걸로 된 겁니다. 거절당한 횟수가 당신을 성장시켜 줄 테니까요. 당신이 소화한 횟수만큼 확실하게 실력이 늘 것입니다.

그리고 실력을 향상하기 위해서 했으면 하는 일이 한 가지 더 있습니다. 영업을 매우 잘하는 사람이 전화를 어떻게 하는지 보고 흉내를 내 보는 것입니다. 잘 나가는 사람의 장점을 흉내 내면 실력이 빠르게 향상합니다.

선배가 전화를 걸어서 처음 내는 목소리의 톤, 말투, 표정을 관찰하시기 바랍니다. 그러면 전화를 걸고 있을 때 항상 웃는 얼굴로 이야기를 한다거나 상품 설명을 유창하게 하는 것 외에 또 다른 매력을 발견할 수 있을지도 모릅니다.

상대방 얼굴이 실제로 보이지 않는다고 해서 절대로 무뚝뚝한 얼굴로 말해서는 안 됩니다. 전화할 때의 표정은 수화기 너머로 보이지 않지만, 신기하게도 전화를 받는 사람에게 반드시 전해집니다. 따라서 긴장을 늦추지 않기 위해 항상 책상 앞에 거울을 두고 자신이 웃는 얼굴로 전화를 하고 있는지 확인해 보는 것도 좋은 방법입니다.

그리고 어떤 일이든 마찬가지지만 '이 일은 나에게 굉장히 득이 된다!'고 생각해야 합니다. '이 일은 손해다', '이 일은 힘들다'고 생각하면 즐겁게 일할 수 없습니다. 뭐든 좋으니 자기 상황에 맞게 이 일이 나에게 도움이 된다고 생각하시기 바랍니다.

그리고 어떻게 보면 전화 업무는 상당히 편한 축에 속합니다. 요점을 써 놓은 메모를 보면서 말할 수 있으니 말입니다. 고객과 얼굴을 마주하고 있을 때는 메모를 보면서 말할 수 없습니다. 방문 판매를 한다면 고객이 처음 현관문을 열어주기까지도 상당한 공을 들여야 하지요.

그런데 전화는 상대방이 받을 확률이 높기 때문에 이야기를 나눌 기회를 쉽게 얻을 수 있습니다. 그리고 설령 영업에 실패했더라도 상대가 전화를 끊을 뿐 별다른 해는 없습니다. 이렇게 생각하면 참 편한 일입니다. 그런 점에서는 감사해야 하지요.

부정적인 부분만 생각하면서 점점 음울한 기분에 젖을 것이 아니라 어떤 일이든 자기 좋은 쪽으로 해석하시기 바랍니다. 좋아하는 사람에게 차였다고 울고 있기만 하는 게 아니라, 바로 다음 사람을 찾아야 하는 것과 마찬가지입니다.

전화가 끊겼다면 바로 다음 사람에게 전화를 하면 됩니다. 어떤 일이든 그 일에 능숙해지려면 계속해서 경험을 쌓아야 합니다. 그러니 혼자서 끙끙 앓고 있을 시간이 없습니다. 계속해서 경험해 보시기 바랍니다. 그러다 보면 언젠가 당신도 훌륭한 전화 영업을 할 수 있을 테니까요.

❓ 친해지기가 어려워요

나이가 비슷한 거래처 직원과 친해지고 싶은데, 왠지 신경이 쓰여서 먼저 다가가지 못하고 있습니다. 어떻게 하면 친해질 수 있을까요?

— 30대 초반·여성·사무직

'지나치게 친한 척을 하면 실례가 될 것 같고, 그렇다고 너무 거리를 두면 결국 친해지지 못할 텐데, 어떻게 하지?'

이처럼 상대와의 거리감을 좁히는 방법을 몰라 고민하는 사람이 의외로 많습니다. 상대방을 신경 쓰는 것은 나쁜 일이 아닙니다. 신경을 쓰지 않고 말을 툭툭 내뱉어서 다른 사람에게 상처를 주는 사람보다는 신경을 쓰는 사람이 훨씬 낫지요.

하지만 정말로 친해지고 싶다면 필요 이상으로 신경을 쓰면서 '좋은 인상을 줘야 할 텐데……' 하고 걱정해서는 안 됩니다. 좋은 인상을 주려고 끊임없이 말을 하면 오히려 상대가 지치고 말 테니, 평소처럼 자연스럽게 대하면 됩니다.

원래 친해질 사람과는 나이가 비슷하든 연상이든 연하든 이성이든 동성이든 상관없이 친해지게 되어 있습니다. 반대로 친해질 수 없는 사람과는 아무리 애를 쓰고 호감을 얻기 위해서 입에 발린 말을 한다고 한들 친해지기 힘듭니다.

어쩌면 당신은 친해지기 이전에 기본적으로 무슨 말을 해야 할지 몰라서 고민할지도 모릅니다. 이럴 때 가장 간단한 방법은 일단 밝은 목소리로 인사하는 것입니다. 여기서부터 시작하면 됩니다.

잘 모르는 사람이 갑자기 이것저것 질문을 해 오면 누구든 당황하겠지요. 하지만 인사정도면 모르는 사람이 하더라도 그리 놀라지 않을 것이고, 대부분은 같이 인사를 해 줄 것입니다. 그렇게 인사를 몇 번 주고받다 보면 "안녕하세요? 오늘도 멋지시네요!"라는 식으로 한 마디를 덧붙여도 이상하지 않습니다. 이렇게 조금씩 대화를 늘려 가면 친해질 수 있지 않을까요?

다만 인사를 할 때의 전제 조건은 최대한 명랑하게 하는 것입니다. 미소 띤 얼굴과 밝은 목소리로 "감사합니다", "안녕하세요?", "잘 부탁드립니다"라고 인사할 기회가 얼마든지 있고, 인사의 종류만 해도 꽤 많습니다.

사실 다들 인사는 잘하지만, 의외로 '명랑한 인사'를 하는 사람이 드뭅니다. 그렇기 때문에 인사만 잘해도 남들보다 훨씬 매력적인 사람이 될 수 있습니다.

당신에 대한 인상과 이미지가 틀림없이 좋아질 것입니다. 그리고 누구든 근사한 사람과 친해지기를 바라지요. 밝은 인사를 통해 최고로 멋진 당신이 되시기 바랍니다.

자주 호통을 치는 무서운 부장님 앞에서는 항상 위축되어서 제 의견을 제대로 전달할 수가 없습니다. 어떻게 하면 의견을 잘 말할 수 있을까요?

— 30대 초반·남성·게임회사

무서운 사람 앞에서 위축되어서 하고 싶은 말을 제대로 하지 못하는 것은 당연한 일입니다. 저도 호통을 치는 사람이 무섭습니다. 그러니 당신은 지극히 정상입니다.

그런데 만약 부장님이 당신에게만 호통을 친다면 뭔가 이유가 있지 않을까요? 즉, 당신에게 부장님의 분노 포인트를 자극하는 무언가가 있다는 말입니다.

괴롭힘도 마찬가지입니다. 물론 괴롭히는 쪽이 전적으로 나쁩니다. 하지만 괴롭힘은 괴롭히는 사람과 괴롭힘을 당하는 사람, 그 두 사람의 톱니바퀴가 맞물려서 일어납니다. 가해자가 모든 사람을 괴롭히지는 않으니까요. 그렇다면 스스로 왜 괴롭힘을 당하는지를 한번 생각해 보아야 합니다.

마찬가지로 당연히 호통을 치는 사람이 전적으로 나쁘지요. 호통을 치면서 상대를 떨게 하지 않더라도 생각을 전달할 수단은 얼마든지 있으니까요. 하지만 한 번쯤은 '왜 항상 나한테만 호통을 치는 걸까'를 생각해 보시기 바랍니다.

그렇습니다. 당신에게서 '움찔움찔 기운'이 나오고 있기 때문입니다. 불필요하게 움찔움찔 기운이 나오면, 그에 상응하는 일이 생기기 마련입니다. 이는 자연의 세계에서도 일어나는 일입니다. 사자는 무리에 있는 동물 중에서 가장 약한 한 마리를 간파하고 공격하지요.

그렇다면 자신에게서 나오고 있는 움찔움찔 기운을 바꾸려면 어떻게 해야 할까요? 앞에서도 소개한 것처럼 스스로 자신감을 심어주는 말을 하면 됩니다. "나는 대단하다!"라고 100번 말하는 것입니다. 그러면 자신에게서 나오는 에너지가 '움찔움찔'에서 '나는 대단하다'로 바뀌고, 당신에게 일어나는 일도 달라질 것입니다.

전보다 부장님이 무섭지 않게 느껴지거나 혼이 나더라도 "감사합니다. 더 노력하겠습니다!"라는 말이 나오는 등 자신의 대응 방식도 달라집니다. 그리고 가장 신기한 일은 당신에게서 뿜어져 나오는 파동이 변하면 상대방의 태도도 달라진다는 사실입니다.

누구나 한 번쯤은 어린 시절에 좋아하던 공원에 어른이 되어서 다시 찾아가 봤더니, 어려서는 크게만 보이던 미끄럼틀이 아주 작아서 놀란 경험을 해 봤을 것입니다. 마찬가지입니다. 자신이 커지면 상대적으로 다른 것이 작게 보입니다. 필요 이상으로 위축되는 이유는 상대를 거대한 괴물처럼 보고 있기 때문입니다.

자신이 대단한 사람이 되어서 커다란 에너지를 내뿜으면 필요 이상으로 위축되지 않을 수 있습니다.

❓ 부장님이랑 말이 잘 안 통해요

융통성이 없고 완고한 부장님과 말이 잘 통하지 않습니다. 그런
부장님과 대화를 잘할 수 있는 비법을 알려 주세요.

– 30대 초반·여성·사무직

한번 곰곰이 생각해 보시기 바랍니다. 부장님 역시 당신을
불편하게 생각하고 있지 않을까요? 이런 기운은 피부로 전
달되기 마련이니까요. "부장님, 진짜 짜증 나……" 하고 중
얼거리면서 일을 하고 있으면 비록 부장님께 그 소리는 들
리지 않아도 마음은 전해지게 되어 있습니다.

그러면 부장님 또한 당신을 일을 부탁하기 어려운 사람이
라고 생각하게 되겠지요. 그래서는 대화가 활기를 띨 수 없
습니다.

정말 부장님과 대화를 잘하고 싶습니까? 그렇다면 아주
좋은 방법이 있습니다. 부장님을 당신이 가장 좋아하는 연
예인이라고 생각하는 것이지요. 만약 당신의 상사가 아주
멋진 배우라면 아무리 융통성이 없고 완고해도 용서가 될

테니까요. 분명 '한길만 걷고(융통성이 없다), 심지가 곧은(완고하다) 멋진 상사야'라고 생각되지 않을까요?

사실은 싫어하지만, 노력해서 어떻게든 좋아해 보려고 해서는 안 됩니다. 그러면 참는 수밖에 없으니까요. 계속해서 참으면 원한만 깊어진다고 합니다. 차라리 자신이 즐거워질 방법을 생각해 보세요. 물론 부장님이 정말로 멋진 배우가 될 일은 없습니다. 하지만 그렇게 상상함으로써 즐겁게 일할 수 있다면 그걸로 된 겁니다. 부장님도 기분이 좋은 당신을 보면 왠지 흐뭇해하시지 않을까요?

이처럼 부장님이 자신이 동경하는 배우라고 상상만 해도 회사 가는 일이 즐거워질 것입니다. 대화할 거리만 생기면 괜히 기대되고 두근거릴지도 모릅니다.

그런 식으로 즐거운 분위기를 뿜어내다 보면, 자기도 모르는 사이에 부장님에 대한 부정적인 생각이 사라져 버렸다는 사실을 깨닫게 될 날이 올 것입니다.

❓ 왠지 대하기 어려운 사람이 있어요

회사 동료 중에 말수도 적고 회식 같은 단체 활동에도 참여하지 않아 도무지 속을 알 수 없는 사람이 있습니다. 어색한 사람과도 요령껏 대화하는 방법이 있을까요?

– 20대 후반 · 여성 · 무역업

누구나 왠지 대하기 어려운 사람이 있습니다. 함께 대화하다 보면 절로 분위기가 고조되어서 금방 친해지는 사람이 있는가 하면, 아무리 노력해도 잘 안 맞는 사람도 있지요. 함께 대화를 나누면 즐거운 사람도 있고, 보통인 사람도 있고, 재미없는 사람도 있습니다.

또 아무 말도 하지 않아도 계속 함께 있을 수 있는 사람도 있고, 왠지 불편한 사람도 있습니다. 게다가 보통은 한 사람 안에도 다양한 성격이 존재하기 마련이지요.

특히 회사에는 많은 사람이 있습니다. 예를 들면 그중에는 함께 자주 술자리를 갖는 사람이 있는가 하면 그렇지 않은 사람도 있습니다. 그러니 크게 신경 쓸 필요는 없을 것 같습니다.

다만 괜히 어색하다는 생각은 하지 않는 편이 좋습니다. 어색하다고 생각하면 그 마음이 반드시 상대방에게 전해지니까요. 어색하다는 생각 없이 요령껏 대화하려면 날씨나 뉴스에 나온 사건 등 그냥 무난한 이야기를 하면 됩니다.

세상 돌아가는 이야기를 하다가 이야깃거리가 떨어지면 "약속이 있어서 죄송해요"라고 하거나 "그럼 전 이만 가볼게요" 하면서 자연스럽게 그 자리를 떠나면 그만입니다.

어떻게든 그 자리를 지키면서 억지로 이야기를 하려고 하기 때문에 괴로운 것입니다. 아마 그건 상대방도 마찬가지일 테니 더는 고민하지 않아도 괜찮습니다.

❓ 발표 공포증이 있어요

메일로 의사를 전달하는 것에는 자신이 있는데, 회의 시간에 의견을 말하라고 하면 긴장이 되어서 말을 조리 있게 하지 못합니다. 회의 등 많은 사람이 한자리에 모여 있는 자리에서 말을 잘하는 요령이 있나요?

– 20대 초반·남성·광고영업

우선 메일을 보내는 데 자신이 있다니 굉장한 재능이네요. 그리고 당신이 고민하는 이유는 아마도 빨리 대답해야 한다는 초조함 때문일 것입니다. 메일은 보낼 내용을 미리 생각할 시간이 있지만, 남들 앞에서 말을 할 때는 이 초조함 때문에 생각이 정리되지 않거나 긴장해서 말이 잘 안 나올 수 있으니까요.

하지만 누구나 갑자기 지명을 받으면 말을 잘하기가 어려운 것이 당연합니다. 오히려 잘 말할 수 있는 사람이 드물지 않을까요?

그럴 때도 천연덕스럽게 말을 잘하는 사람은 평소에 사람들 앞에서 말할 기회가 많아서 익숙해져 있는 사람이거나 타고난 재능이 있는 사람입니다. 그러니 전혀 신경 쓰지 않아도 됩니다. 메일로도 의사 전달을 잘 못하는 사람보다는 훨씬 나으니까요.

만약 회의에서 자기 의견을 제대로 전달하지 못해서 후회된다면 당신의 특기인 메일을 이용하면 됩니다. 생각을 문장으로 정리한 뒤에 나중에 제출하는 것이지요.

많은 사람 앞에서 말을 잘하는 요령은 딱 하나밖에 없습니다. 그저 많은 사람 앞에서 몇 번이고 말을 해 보는 것이지요. 처음에는 두세 사람만 앞에 있어도 긴장이 될지도 모릅니다. 저도 처음에 사람들 앞에서 자기소개를 할 때 엄청나게 긴장을 했습니다. 하지만 '어떻게든 해내겠다'는 각오를 다지고, 해 나가는 동안에 실력이 늘었습니다. 아무리 못하는 사람이라도 경험을 쌓다 보면 언젠가는 반드시 잘하게 되기 마련이지요.

어떻게 보면 근육 같다고도 할 수 있습니다. 복근을 키우려면 근력 운동을 해야 하는 것처럼, 말을 잘하고 싶으면 사람들 앞에서 자주 말해 보는 방법이 가장 좋습니다.

❓ 잡담이 어려워요

세대 차이가 나는 고객과 상담을 하다가 중간에 잡담하게 되었을 때, 무슨 이야기를 해야 할지 마땅한 이야깃거리가 떠오르지 않습니다. 어떤 이야기를 하면 좋을까요?

- 30대 초반·남성·주택영업

사람들과 이야기를 할 때는 이야깃거리를 찾기보다는 먼저 상대방에게 관심을 가지는 것이 좋습니다. 예를 들어 물고기도 아무 먹이나 좋다고 먹지는 않습니다. 그 물고기가 특별히 좋아하는 먹이를 미끼로 쓰지 않으면 낚싯바늘을 물지 않지요.

낚시하기에 앞서서 자신이 낚으려는 물고기가 어떤 물고기인지, 그리고 어떤 먹이를 좋아하는지에 관한 정보를 수집해야 합니다.

사람도 마찬가지입니다. 뭐든 이야기하기만 하면 괜찮은 것은 아니니까요. 상대방을 열심히 관찰하고 관심을 가지면 그 사람의 곳곳에 그 사람에 대한 정보가 담겨 있다는 사실을 알 수 있습니다.

예를 들어 상대가 고양이 브로치를 하고 있으면 '혹시 고양이를 좋아하나?' 하고 추측할 수 있겠지요. 궁금하면 물어보면 됩니다.

"멋진 브로치네요. 고양이 좋아하세요?"

"고양이 정말 좋아해요. 집에서 두 마리나 키워요."

"이름이 뭐예요?"

이런 식으로 자신이 먼저 관심을 두고 상대방이 좋아하는 것에 관해 물으면 대화가 자연스럽게 진행됩니다. 이는 세대가 달라도 마찬가지입니다.

필사적으로 쥐어짜낸 질문을 받으면 대답하는 쪽도 괴롭습니다. 상대가 고객이라고 해서 억지로 질문을 짜내거나 자신이 일방적으로 이야기를 이끌어 가야 한다고 생각하면 결코 즐거운 대화가 될 수 없습니다.

히토리 씨는 연령, 성별과 관계없이 누구와도 자연스럽게 대화를 하고 쉽게 친해집니다. 아오모리로 여행을 갔을 때는 오징어 가게에서 오징어를 굽고 있는 아주머니와 "올해 오징어 수확량은 어때요?", "올해는 오징어가 풍년이어서 꽤 큰 오징어도 잘 잡혀요"라고 묻고 답하며 오징어 이야기 하나로 금세 웃음꽃을 피웠습니다.

특별한 이야기를 한다기보다는 그 사람에게 관심과 애정을 가지고 배려하는 마음으로 즐겁게 질문하고 이야기를 들어 주는 것이지요.

사람은 누구든 자신에게 관심을 가져 주면 기쁜 마음이 들기 마련이고, 자기 이야기를 들어 주는 사람을 좋아하게 되어 있습니다. 그러니 열심히 대화의 소재를 찾는 일보다 중요한 것은 눈앞에 있는 사람에 대해 알고 싶어 하는 애정과 관심, 그리고 상대에 대한 배려입니다.

이제 애정과 관심을 가지고 배려하는 마음으로 사람들을 대해 보시기 바랍니다. 지금보다 훨씬 더 즐거운 대화를 할 수 있을 것입니다.

포기하지만 않으면
인생의 방향은 얼마든지 바뀐다

'분위기를 띄울 수 있는 잡담력을 키우고 싶다', '사람의 마음을 열어주는 화술을 익히고 싶다'는 생각에 이 책을 읽으면서 이런저런 노력을 해 보지만, 생각만큼 잘 안 되어서 좌절하게 될 수도 있습니다.

의식해서 대화 기술을 익히다 보면 어느 정도는 대화 실력이 늘겠지만, 사람마다 타고난 재능의 차이가 있습니다. 앞에서 이야기했듯이 저는 히토리 씨처럼 말을 잘하거나 사람들의 마음을 한순간에 가볍게 풀어 주는 일은 아직도 잘하지 못합니다. 남들에게 호감을 주는 대화 능력은 신께서 히토리 씨에게 주신 훌륭한 재능인 것 같습니다.

그렇다면 재능이 없는 사람은 어떻게 하면 좋을까요? 어차피 못할 테니까 그냥 포기해야 할까요? 그러면 이 책의 의미가 없어지겠지요.

우선은 자신이 할 수 있는 일부터 해 보면 됩니다. 절대로 포기하지 않는다면 우리가 할 수 있는 일이 생각보다 많습니다. 예를 들어 발상을 전환해서 '내가 말하기보다는 상대방의 이야기를 열심히 들어 주면 어떨까?' 하는 생각을 했다고 해 봅시다. 상대방의 이야기를 열심히 들어 주는 데에는 여러 가지 방법이 있겠지요.

첫 번째 방법은 상대방의 이야기에 맞춰서 크게 고개를 끄덕이는 것입니다. 그 모습을 보면 상대방도 신이 나서 이야기를 하겠지요.

두 번째 방법은 다른 사람 이야기를 열심히 듣고 리액션에 신경을 써 보는 것입니다. 그리고 상대 이야기에 맞춰서 '사랑의 손길(맞장구)'을 불어넣어 보는 것도 좋겠지요.

이런 식으로 연습을 하면서 대화할 때의 요령을 조금씩 깨우쳐 가면 됩니다. 보통 자기가 먼저 말을 걸어야 대화가 시작된다고 생각하기 쉽지만 사실은 그렇지 않습니다. 대화는 의무가 아닙니다. 게다가 꼭 이렇게 해야만 한다는 규칙 같은 것도 없습니다.

그러니 이 책을 읽고 '남들과 자연스럽게 잡담을 잘 못하는 나는 틀렸어', '말을 잘 못하니까 친구도 없는 거야'라고 생각하지 마시기 바랍니다. 우선은 자신이 할 수 있는 일부터 해 보면 되니까요.

옮긴이 김지윤

가톨릭대학교 철학과 및 일본어과를 졸업했다. 이후 세이신여자대학교에서 교환 학생으로 유학
했으며, 와세다대학교 대학원 일본어교육학과에서 공부했다. 글밥아카데미 수료 후 현재는 바
른번역 소속 번역가로 활동 중이다. 옮긴 책으로는 『카를 융, 인간의 이해』 『민감한 나로 사는
법』 『물 흐르듯 대화하는 기술』 『그렇다면, 칸트를 추천합니다』 『부자의 습관』 『이방인』 『여자
아이는 정말 핑크를 좋아할까』 등이 있다.

말과 운의 관계를 알면 인생이 바뀐다

운을 부르는
부자의 말투

초판 12쇄 발행 2022년 12월 15일

지은이 미야모토 마유미 **옮긴이** 김지윤
펴낸이 김선준

편집본부장 서선행
편집1팀장 임나리 **편집1팀** 배윤주, 이주영 **디자인팀** 엄재선, 김예은
마케팅 권두리, 이진규, 신동빈 **홍보** 한보라, 이은정, 유채원, 권희, 유준상, 박지훈
경영지원 송현주, 권송이

펴낸곳 ㈜콘텐츠그룹 포레스트 **출판등록** 2021년 4월 16일 제2021-000079호
주소 서울시 영등포구 여의대로 108 파크원타워1 28층
전화 02) 332-5855 **팩스** 070) 4170-4865
홈페이지 www.forestbooks.co.kr

ISBN 979-11-964152-2-8 (03190)